SUIVEZ LE BALISAG… POUR REST… SUR LE BON CHEMIN.

	GR®	GRP®
Mauvaise direction		

Vous pourrez rencontrer d'autres couleurs de balisage sur le terrain. Elles sont indiquées dans la fiche pratique de chaque circuit.

Où s'adresser ?

Comité régional du tourisme (CRT)

Le Comité régional du tourisme publie des brochures d'informations touristiques (gratuites) sur chaque région administrative :

- CRT Aquitaine, Cité Mondiale du Vin, 23, parvis des Chartrons, 33074 Bordeaux Cedex, tél. 05 56 01 70 00

Comité départemental du tourisme (CDT)

Le CDT publie des brochures (gratuites) mises à jour sur les activités, les séjours et l'hébergement dans le département concerné ainsi que la liste des offices de tourisme et syndicats d'initiative :

- CDT du Lot-et-Garonne (Actour 47), 4, rue André-Chénier, BP 158, 47005 Agen Cedex, tél. 05 53 66 14 14.
Antenne de la Randonnée, tél.05 53 48 03 41

Syndicats d'initiative et Offices de tourisme

Les Offices de tourisme et Syndicats d'initiative peuvent également vous renseigner :

- ouverts toute l'année :
  - Aiguillon, tél. 05 53 79 62 58
  - Fumel, tél. 05 53 71 13 70
  - Marmande, tél. 05 53 64 44 44
  - Tonneins, tél. 05 53 79 22 79
  - Villeneuve-sur-Lot, tél. 05 53 36 17 30
- ouverts en été :
  - Casseneuil, tél. 05 53 41 13 33
  - Castelmoron-sur-Lot, tél. 05 53 84 90 36
  - Clairac, tél. 05 53 84 22 21
  - Laparade, tél. 05 53 84 05 19

Divers

- Relais des Gîtes de France du Lot-et-Garonne, 4, rue André-Chénier, 47000 Agen, tél. 05 53 47 80 87
- Vélo Tout Terrain - UFOLEP section VTT, 108, rue Fumadelles, 47000 Agen, tél. 05 53 77 05 30
- Comité départemental de tourisme équestre (CDTE 47)
Office Départemental des Sports : 7, rue Etienne Dollet 47000 Agen, tél. 05 53 69 44 65
- Association des Amis de Saint-Jacques-de-Compostelle, Mme De Saint-Exupéry, château Parron, 47170 Mézin, tél. 05 53 65 73 39

La Fédération française de la randonnée pédestre (FFRP)

- **Le Centre d'Information *Sentiers et Randonnée***
Pour tous renseignements sur la randonnée pédestre en France et sur les activités de la FFRP
14, rue Riquet, 75019 Paris, tél. 01 44 89 93 93 - Fax 01 40 35 85 67
- **Le Comité régional de la randonnée pédestre (CRRP)**
M. Etienne Huc, Estienne, 47300 Pujols.
- **Le Comité départemental de la randonnée pédestre**
(CDRP 47), 4, rue André-Chénier, 47000 Agen, tél. 05 53 48 03 41

SOMMAIRE

Classement des randonnées :

Très facile — Facile — Moyen — Difficile

Choisir sa randonnée

Les randonnées sont classées par ordre de difficultés.

Elles sont différenciées par des couleurs dans la fiche pratique de chaque circuit.

très facile Moins de 2 heures de marche
Idéale à faire en famille, sur des chemins bien tracés.

facile Moins de 3 h 20 de marche.
Peut être faite en famille. Sur des chemins, avec quelquefois des passages moins faciles.

moyen Moins de 5 heures de marche.
Pour randonneur habitué à la marche. Avec quelquefois des endroits assez sportifs ou des dénivelés.

difficile Plus de 5 heures de marche.
Pour randonneur expérimenté et sportif. L'itinéraire est long ou difficile (dénivelé, passages délicats), ou les deux à la fois.

Durée de la randonnée

La durée de chaque circuit est donnée à titre indicatif. Elle tient compte de la longueur de la randonnée, des dénivelés et des éventuelles difficultés.
Pas de complexe à avoir pour ceux qui marchent à “deux à l'heure” avec le dernier bambin, en photographiant les fleurs.

Quand randonner ?

■ **Automne-hiver :** les forêts sont somptueuses en automne, les champignons sont au rendez-vous (leur cueillette est réglementée), et déjà les grandes vagues d'oiseaux migrateurs animent les eaux glacées.

■ **Printemps-été :** suivant les altitudes et les régions, les mille coloris des fleurs animent les parcs et les jardins, les bords des chemins et les champs.

■ Les journées longues de l'été permettent les grandes randonnées, mais attention au coup de chaleur. Il faut boire beaucoup d'eau.

■ En période de chasse, certaines randonnées sont déconseillées, voire interdites. Se renseigner en mairie.

■ La neige peut rendre impraticables certains sentiers en hiver.

Avant de partir, il est recommandé de s'informer sur le temps prévu pour la journée, en téléphonant à Météo France : 08 36 68 02 47

Pour se rendre sur place

En voiture

Tous les points de départ sont facilement accessibles par la route. Un parking est situé à proximité du départ de chaque randonnée. Ne laissez pas d'objet apparent dans votre véhicule.

Par les transports en commun

- Les horaires des trains SNCF sont à consulter dans les gares ou sur Minitel 3615 SNCF.
- Pour se déplacer en car : service transport du Conseil général (tél. 05 53 69 42 03), les cars Bleus (tél. 05 53 23 81 92), Autocars Brouens (tél. 05 53 40 23 30), Europe Evasion (tél. 05 53 79 18 38).

Où manger et dormir dans la région ?

Un pique nique sur place ?

Chez l'épicier du village, le boulanger ou le boucher, mille et une occasions de découvrir les produits locaux.

Pour découvrir un village ?

Des terrasses sympathiques où souffler et prendre un verre.

Une petite faim ?

Les restaurants proposent souvent des menus du terroir. Les tables d'hôtes et les fermes-auberges racontent dans votre assiette les spécialités du coin.

Une envie de rester plus longtemps ?

De nombreuses possibilités d'hébergement existent dans la région.

Manger dans la région ?	ALIMENTATION 	RESTAURANT 	CAFÉ 	HEBERGEMENT 
Beaupuy	✗		✗	
Beyssac (Marmande)	✗			
Birac-sur-Trec	✗			
Casseneuil	✗	✗	✗	✗
Castelmoron-sur-Lot	✗	✗	✗	✗
Castelnau-sur-Gupie	✗		✗	
Fumel	✗	✗	✗	✗
Gontaud-de-Nogaret	✗	✗	✗	✗
La Marsalle (Villeneuve-sur-Lot)				✗
Lagupie	✗		✗	
Laparade	✗	✗	✗	✗
Le Lédat	✗	✗	✗	
Monsempron-Libos	✗	✗	✗	✗
Nicole		✗	✗	✗
Saint-Pastour	✗	✗	✗	
Tombebœuf	✗	✗	✗	✗
Tonneins	✗	✗	✗	✗
Trentels	✗	✗	✗	

COMMENT UTILISER LE GUIDE ?

La randonnée est reportée en rouge sur la carte IGN

Rivière

Village

La forêt (en vert)

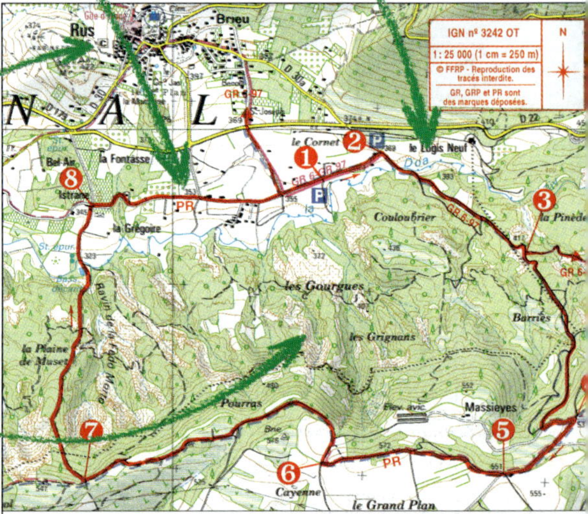

La fabrication de l'ocre

Le minerai brut d'extraction doit être lavé pour séparer l'ocre marchande des sables inertes. L'eau délaie la matière brute qui décante pendant le trajet pour ne laisser subsister que de l'ocre pur que le courant emporte dans les bassins. Après plusieurs jours de repos dans les bassins, l'eau de surface ne contient plus d'ocre. La couche d'ocre déposée au fond peut atteindre 70 à 80 cm d'épaisseur. Encore à l'état pâteux, la surface de l'ocre est griffée à l'aide d'un carrelet. Elle est ensuite découpée à la bêche et entassée en murs réguliers où les briquettes d'ocre achèvent de sécher. Le matériau part ensuite pour l'usine où s'achèvera son cycle de préparation : broyage, blutage et cuisson.

Colorado provençal. *Photo D. G.*

52

Pour en savoir plus

Nom et Numéro de la randonnée

Pour se rendre sur place

Le Sentier des Ocres

Fiche pratique **17**

Cet itinéraire présente le double avantage d'une découverte à la fois panoramique et intime des ocres.

Paon-du-Jour. Illustration J.B.

❶ Du parking, emprunter la route vers l'Est.

❷ Dans le prochain virage à gauche, prendre à droite l'ancien chemin de Rustrel à Viens qui descend vers la Doa. Franchir le torrent. Passer à côté d'un cabanon en ruine. Un peu plus haut, le chemin surplombe un cirque de sables ocreux.

❸ Laisser le GR® 6 à gauche. Plus haut le chemin surplombe le ravin de Barries et le moulin du même nom. En haut du vallon de Barries, prendre à gauche une route.

❹ Au carrefour suivant, tourner à droite.

❺ Après une petite ferme entourée de cèdres et de cyprès, prendre à droite le chemin qui parcourt le rebord du plateau.

❻ Après une courte descente, prendre à droite. Suivre le haut du ravin des Gourgues. Ne pas prendre le prochain sentier sur la gauche. A la bifurcation suivante, prendre à gauche le sentier à peu près horizontal qui s'oriente vers l'Ouest. Un peu plus loin, longer une très longue bande de terre cultivée. Se diriger vers la colline de la Croix de Cristol.

❼ Au pied de celle-ci, prendre à droite le sentier qui descend vers Istrane. *Il s'agit de l'ancien chemin de Caseneuve à Rustrel. Une éclaircie ouvre des points de vue sur les pentes ravinées de Couvillet sur la chapelle de Notre-Dame-des-Anges et sur Saint-Saturnin-lès-Apt. Au fur et à mesure de la descente, la végétation change de physionomie pour laisser place à des espèces qui affectionnent les terrains sableux.* Franchir la Doa et remonter la route jusqu'à Istrane.

❽ Au croisement, prendre à droite l'ancien chemin de la poste. Passer à proximité d'une ancienne usine de conditionnement de l'ocre, puis à côté de Bouvène. Avant de regagner le point de départ, on peut remarquer le site des Cheminées de Fées (*colonnes de sables ocreux protégées par des blocs de grès).*

3 h • 9 Km — 572m / 345m

Situation : Rustrel sur la D 22 à 13 km au Nord-Est d'Apt

Parking communal de Rustrel

Balisage
❶ à ❸ blanc-rouge
❸ à ❶ jaune

Difficulté particulière
■ passages raides dans la descente sur Istrane

Ne pas oublier

2h — 2h30

À voir

En chemin
■ Gisements de sables ocreux
■ Chapelle Notre-Dame-des-Anges

Dans la région
■ Roussillon : sentier des aiguilles et usine Mathieu, consacrés à l'exploitation de l'ocre.

53

Description précise de la randonnée

3 h • 9 Km — Temps de marche à pied — Longueur

Classement de la randonnée :

- Très facile
- Moyen
- Facile
- Difficile

572m / 345m — Point le plus haut / Point le plus bas

Parking

Balisage des sentiers *(voir page 7)*

Attention

Prévoir des jumelles

Prévoir une lampe de poche

Emporter de l'eau

2h / 2h30 — Durée de la randonnée à cheval ou à VTT

Sites et curiosités à ne pas manquer en chemin

Autres découvertes à faire dans la région

Des astuces pour une bonne rando

■ Prenez un petit sac pour y mettre la gourde d'eau, le pique nique et quelques aliments énergétiques pour le goûter.
Le temps peut changer très vite lors d'une courte randonnée. Un coupe-vent léger ou un vêtement chaud et imperméable sont conseillés suivant les régions.
En été, pensez aux lunettes de soleil, à la crème solaire et au chapeau.

■ La chaussure est l'outil premier du randonneur. Elle doit tenir la cheville. Choisissez la légère pour les petites randonnées. Si la rando est plus longue, prévoyez de bonnes chaussettes.

■ Une carte d'identité est nécessaire pour les circuits en zone frontalière.

■ Mettre dans votre sac à dos l'un de ces nouveaux petits guides sur la nature animera la randonnée. Ils sont légers et peu coûteux. Pour reconnaître facilement les orchidées sauvages et les différentes fougères. Cela évite de marcher n'importe où et d'écraser des espèces rares ou protégées.

■ Pour garder les souvenirs de la randonnée, des fleurs et des papillons, rien de tel qu'un appareil photo.

■ Les barrières et les clôtures servent à protéger les troupeaux ou les cultures. Une barrière ouverte sera refermée.

■ Les chiens sont tenus en laisse. Ils sont interdits dans les parcs nationaux et certaines zones protégées.

Découvrir les vallées du Lot et de la Garonne

Au cœur de l'Aquitaine, notre pays est de plaines, de vallons et de landes. Il est de rives, de plateaux et de causses, de ces terres généreuses qui portent le plus grand verger de France. Il est tout de douceur et abrite depuis des siècles son histoire et ses traditions. Il a guerroyé sans abîmer ses bastides, inventé l'Armagnac et construit des canaux. Son réseau fluvial a été modernisé et propose aujourd'hui au plaisancier près de 200 km de voies navigables, sur le Lot, la Baïse et le paisible canal latéral à la Garonne. Pays à découvrir au fil de l'eau, le Lot-et-Garonne est aussi une invitation au voyage multiple : vignobles, gastronomie, avec de grands crus du terroir et d'appétissants confits d'oie ou de canard ; patrimoine avec de nombreux châteaux, pigeonniers et palombières ; culture, avec plus de deux mille manifestations annuelles ; sports et loisirs, avec ce panache qui est le propre du rugby et un vaste panorama d'activités, de la randonnée au VTT et de la navigation de plaisance à l'équitation… Toutes ces richesses et tout le savoir-vivre d'un pays chaleureux au climat ensoleillé vous tendent les bras…

Photo CDT47

Dix-sept randonnées au fil du Lot et de la Garonne qui ont donné leur nom à notre département : voilà ce que vous propose ce topo-guide.
Du pied du Pech-de-Berre à Fumel, c'est le Lot qui vous accompagne. Cette rivière, qui termine ici son périple, est navigable de Nicole à Villeneuve-sur-Lot. Bientôt, grâce à de nouveaux travaux, les plaisanciers pourront rejoindre le département du Lot. De Castelnau-sur-Gupie à Nicole, remontez le cours de la Garonne, évoquée par le célèbre sociologue Agenais Michel Serres, à l'occasion de son élection à l'Académie Française en 1991, à travers ces mots : « …Garonne, fleuve immuable, clepsydre sans âge… ».

Comité départemental du tourisme
Actour 47
4, rue André Chénier
47005 AGEN CEDEX
Tél 05 53 66 14 14
Fax 05 53 68 25 42
Antenne de la randonnée
Tél 05 53 48 03 41
Fax 05 53 68 25 42

Maison à Laparade. *Photo CDT47*

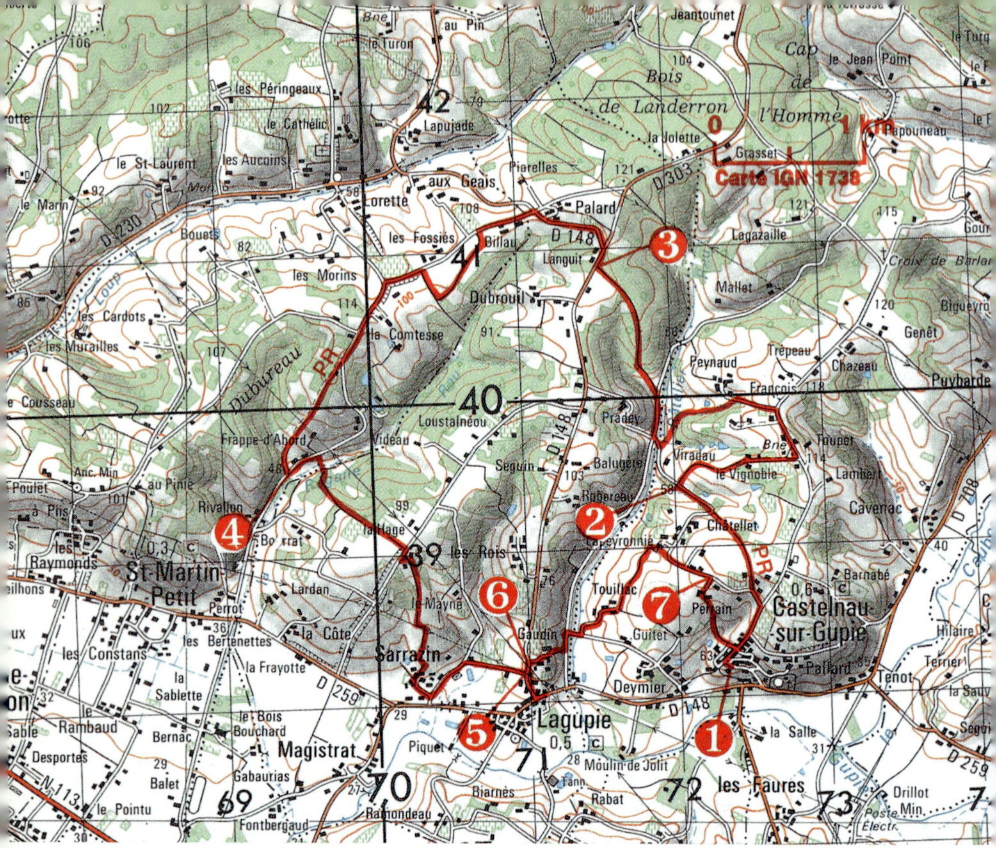

Les « paloumayres »

Ce circuit offre de vastes panoramas sur la vallée de la Garonne. Dans la partie Sud, autour des deux bourgs, la polyculture domine avec maïs et tournesol, vignobles et vergers… Au Nord, le paysage change. Quelques cultures subsistent mais les bois et les prairies occupent la majeure partie de l'espace. Il n'est pas rare dans ce secteur d'apercevoir un écureuil ou un chevreuil.

Vous rencontrez aussi des palombières, astucieuses cabanes perchées dans les arbres qui servent de tour de guet aux chasseurs. Cette chasse se déroule traditionnellement en octobre et novembre lors de la migration des pigeons sauvages, appelés oiseaux bleus. Il est conseillé de ne pas traverser les bois à cette période sans l'accord des « paloumayres ».

Eglise de Lagupie. *Photo CDT 47.*

Coteaux de la Garonne

Fiche pratique 1

Promenade à travers vignobles et bois, à la découverte du patrimoine naturel et architectural des premiers contreforts des coteaux du fleuve.

❶ Suivre la route qui monte en direction de Saint-Géraud sur 450 m. Bifurquer à gauche puis à droite dans le premier virage. Suivre un chemin jusqu'à la route de Châtellet et emprunter celle-ci tout droit sur 250 m.

❷ Monter à droite sur le chemin de Vignoble (*en se retournant, point de vue*). Suivre à gauche la route de Saint-Géraud sur 300 m. Avant le calvaire, descendre à gauche vers Peynaud. Pénétrer dans le bois par un petit sentier. Tourner à droite, franchir un pont sur le ruisseau le Râtelier et se diriger plein Nord vers les bois de Ferrand.

❸ Suivre à droite, puis à gauche la D 148 sur 750 m. Emprunter à gauche la route de Saint-Martin-Petit sur 650 m. Face à une vigne, tourner à gauche sur un chemin de terre. Revenir sur la même route en aval du lieu-dit Les Fossiès. Dans un virage après Bellevue, continuer tout droit à travers bois sur un chemin empierré.

❹ Remonter à gauche la route sur 150 m et descendre à droite pour franchir le ruisseau la Régane sur un pont de bois. Suivre la route à droite sur quelques dizaines de mètres et emprunter à gauche le chemin qui descend à Sarrazin. Des petites routes mènent à la D 148.

❺ Descendre à droite vers Lagupie. Revenir ensuite vers le Nord.

❻ Se diriger à droite vers Gaudin. A la sortie de Touillac, bifurquer dans le chemin à gauche. Avant Lapeyronnie, tourner à droite pour rejoindre la route de Castelnau-sur-Gupie.

❼ Redescendre à droite vers le hameau de Perrain et gagner le village de Castelnau.

4 h 40
14 Km

114m
32m

Situation Castelnau-sur-Gupie, 7 km au Nord de Marmande

Parking place de la Halle, face à la mairie de Castelnau

Balisage jaune (n° 12)

Difficulté particulière

- palombière entre ❷ et ❸

Ne pas oublier

2 h 20 1 h 40

À voir

En chemin

- points de vue sur la vallée de la Garonne
- Lagupie : église avec porche roman
- Castelnau : monument de la Révolution, lavoir

Dans la région

- Meilhan-sur-Garonne et Le Mas-d'Agenais : navigation sur le canal latéral à la Garonne
- Marmande : distillerie *Lachèze*
- Duras : château, Maison de pays et des vins

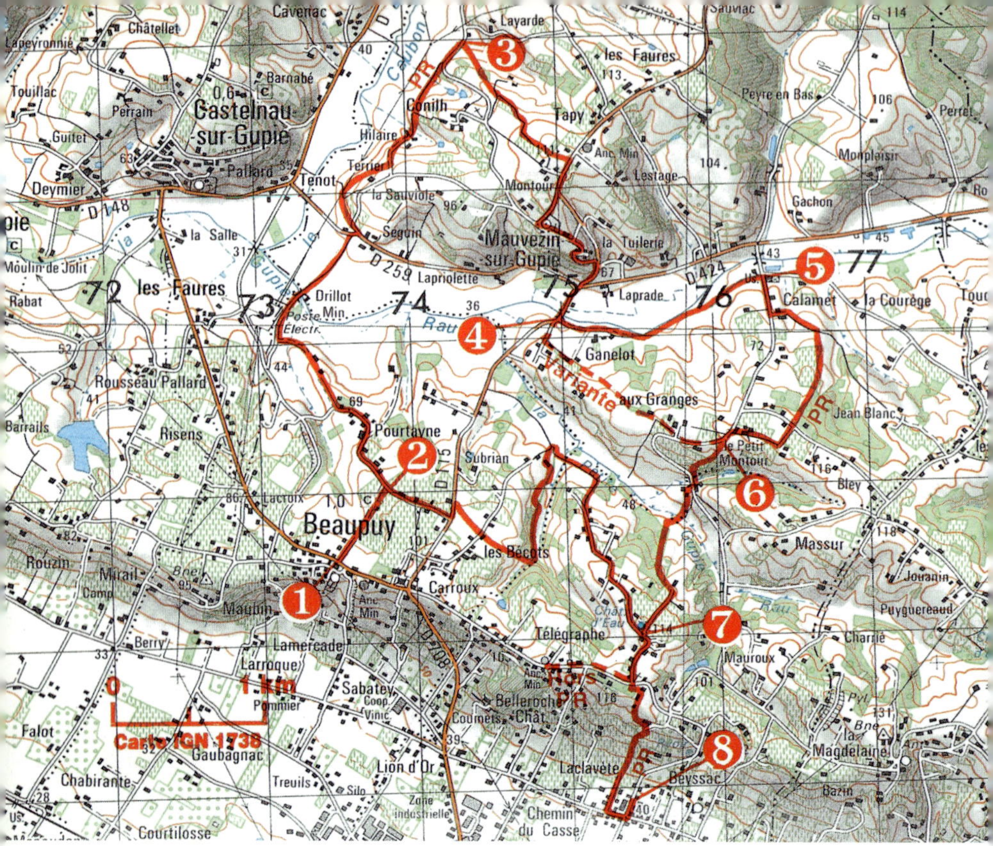

Message en vin

Si d'aventure tes pas te mènent en Pays d'Oc
Où jadis Aliénor fit passer le message
Qu'en terroir aquitain le vin provient du roc…
Etranger, que Beaupuy soit ton pèlerinage !

A deux heures de Bordeaux et trois d'la ville rose
En cet heureux jardin où naissent pommes d'amour,
Fraises ou bien melons, discourir de vin j'ose !
En termes plus élogieux qu'un bon petit bleu lourd.

Quand un terrain calcaire s'anoblit de soleil
Comme font nos coteaux pour mieux soigner Bacchus,
Et si l'art et le chêne élèvent le jus d'la treille…
De « Richard en Prestige » c'est pour procurer plus.

Tout ceci pour mieux dire… à ceux qui désespèrent
Qu'une belle étiquette n'est pas toujours l'adage
D'un vin de qualité et la plus sûre manière…
C'est de venir goûter de Beaupuy le breuvage !

Terroir, vins et alcools.
Photo CDT 47.

Vignobles du Marmandais

Fiche pratique 2

Découvrir les vignobles des côtes du Marmandais propices à la dégustation, ou la vieille ville de Marmande et les bords de Garonne.

❶ Traverser la D 708. Descendre le long d'un mur de pierres (*panneau Brocante*).

❷ Suivre la route à gauche sur 750 m. Après la dernière maison, dans un virage, aller tout droit sur un chemin empierré. En fond de vallée, face au poste électrique, tourner à droite. Traverser la Gupie, puis la D 259. Suivre le chemin en face au pied d'un talus. Contourner par la gauche la maison de Hilaire. Suivre la route tout droit.

❸ Monter à droite dans un chemin creux. Emprunter le chemin de crête vers un bosquet, puis dans une vigne. Descendre à droite sur la D 115. Monter vers l'église de Mauvezin-sur-Gupie. Traverser le village. Redescendre. Suivre à droite la D 115. Traverser le carrefour des D 424 et D 259. Passer le pont sur la Gupie.

► En 4, variante vers le point 6 (*circuit de 16,5 km – 5 h 30*).

❹ Tourner à gauche. Suivre une route, puis un chemin.

❺ Près de l'usine de cagettes de Calamet, monter à droite sur 250 m. Tourner à gauche entre deux hangars. A 300 m, bifurquer à droite le long d'un talus, puis d'une vigne. Couper la route. A la maison ruinée de Rousseau, tourner à droite dans un vignoble.

❻ Après Le Petit-Montour, descendre à gauche sur la route puis dans un chemin creux. En bas, franchir la Petite Gupie et longer une maison par la droite. Suivre un chemin puis une petite route jusqu'au château d'eau de Brettes.

► Liaison avec Beyssac (*jaune*) : aller tout droit. Au calvaire, couper la route. Passer entre deux maisons, suivre le chemin descendant, bordé d'un talus. Prendre la route à gauche vers Beyssac.

❼ Suivre à droite la route sans issue. Au bout, descendre dans un chemin creux. Contourner une peupleraie. Monter à gauche le long d'un fossé puis sur la digue d'un lac. Longer celui-ci par la droite. Monter jusqu'à un bois puis vers une vigne. Au sommet, aller en face entre deux portails. Traverser la D 115.

❷ Au premier carrefour, remonter à gauche vers Lagupie.

6 h 20
19 Km

114 m
34 m

Situation Beaupuy, à 4 km au Nord de Marmande

Parking mairie de Beaupuy

Balisage (n° 14)

❶ à ❸ bleu
❸ à ❺ jaune-bleu
❺ à ❶ bleu

Ne pas oublier

3 h 10 — 2 h 20

À voir

En chemin

- Mauvezin : église
- Beaupuy : église
- vignobles du Marmandais

Dans la région

- Marmande : moulin du Télégraphe, apiculture ; église Notre-Dame et jardin du cloître ; musée Marzelles
- Beaupuy : cave coopérative des vins du Marmandais
- Baleyssagues : parcours botanique des Riquets

0 500 m
Cartes IGN 1738 Ouest - Est
Mauvezin-sur-Gupie
Puybarde
Goutie
Grande Côte
Caubon
le Pruet
Arthus
la Brande
Gabaurias
la Terrasse
Blayon
la Garenne
Banizette
Tirebas
Chicot
Grange Neuve
Jacqué
Lacoudre
Arbouin
Sauviac
la Treille
Guillebau
Lamounau
Font du Roc
Montau
Labaronny
Layarde
Laraule
Charbonneau
Peyre en Bas
Lagrange
les Faures
Gerbeau
Conilh
Tapy
Anc. Min
Génerie
Pichetot
Peyre en Haut
Perret
la Tuilerie
Hilaire
Terrier
la Sauviole
Lestage
Montour
Bernicon
Gachon
Monplaisir
Grand Guillon
Roupic
Bernadou
Fontètes
le Rieutord
Seguin
Lapriolette
Lagréze
la Grosse Pierre
Touchard
Laprade
Calamet
la Courège
la Roque
Ganelot
Féourier
D 424
D 259
D 115
R.N.
PR

Entre Gupie et Caubon

Fiche pratique 3

3 h 40
11 Km

115 m
38 m

D'un ruisseau à l'autre, promenade bucolique à travers le paysage traditionnel des coteaux du Marmandais, entre vignobles, bois et prairies.

❶ Se diriger vers l'église. Tourner à droite. Suivre la D 115 vers Lévignac sur 150 m. Avant le sommet de la côte, tourner à gauche. Le chemin longe d'abord une haie puis traverse un vignoble ; 200 m après un bosquet, descendre dans un chemin creux.

❷ Suivre à droite sur 1 km la route qui borde la vallée du Caubon. A la sortie de Pruet, aller tout droit.

❸ A 250 m, monter à droite dans un chemin bordé de haies. A Arthus, monter tout droit sur 100 m. Tourner à gauche, puis à droite sur un large chemin de crête. Après le lieudit La Brande, suivre la D 115 à gauche sur 300 m.

❹ S'engager à droite sur un chemin bordé d'une haie. A la sortie d'un bois (*palombière*), monter à gauche. Suivre la route à gauche sur 200 m.

❺ Dans le premier virage, s'engager à droite dans un bois. A peine 100 m plus loin, bifurquer à droite, plein Sud, en bordure de bois. Passer à Perret et Roupic. Traverser la D 424.

❻ 100 m après le pont sur la Gupie, tourner à droite sur le chemin qui longe ce cours d'eau. Suivre la route tout droit jusqu'à l'usine de cagettes.

❼ Au carrefour, aller tout droit. Emprunter ensuite à droite la D 115, traverser successivement le pont sur la Gupie, puis le carrefour des D 424 et 259. Monter tout droit sur 250 m. Au lavoir, tourner à gauche pour remonter au bourg de Mauvezin-sur-Gupie.

Situation Mauvezin-sur-Gupie, 7 km au Nord de Marmande

Parking face à la mairie de Mauvezin

Balisage (n° 15)

❶ à ❷ jaune-bleu
❷ à ❼ jaune
❼ à ❶ jaune-bleu

1 h 50 — 1 h 20

À voir

En chemin

- Mauvezin : église classée,
- vignobles du Marmandais, points de vue

Dans la région

- Mauvezin : musée de la Conserve
- Marmande : ruchers du moulin du Télégraphe
- Duras : musée du Parchemin et de l'Enluminure
- Le Mas-d'Agenais : navigation sur le canal latéral à la Garonne

Le vignoble du Marmandais

Né à l'époque gallo-romaine, déjà réputé en Angleterre au temps d'Aliénor d'Aquitaine, le terroir du Marmandais produisit pendant longtemps ces vins du « haut-pays bordelais » qui permirent au négoce de faire face à une demande croissante. Victime du phylloxéra au 19e siècle, le vignoble aurait été abandonné sans le travail passionné et la foi de quelques viticulteurs regroupés en coopérative, en 1948. VDQS en 1955, les côtes du Marmandais entrent dans la prestigieuse famille des AOC en 1990. Une appellation qui consacre enfin la haute qualité des terroirs, la sélection des cépages et le savoir-faire de ses vignerons. Etablis sur la rive droite de la Garonne, les côtes-du-Marmandais présentent des terroirs de graves et de molasses à dominante argilo-calcaire. Ils conviennent parfaitement à l'épanouissement des cépages nobles : merlot, cabernet franc et sauvignon pour les rouges et rosés, sauvignon, sémillon, ugni-blanc et muscadelle pour les blancs. Par leurs accents chaleureux, leur finesse aromatique et leur générosité, ils s'accordent à notre gastronomie régionale ainsi qu'aux poissons et fruits de mer de l'Atlantique. Ce sont aujourd'hui 280 producteurs sur 650 hectares qui produisent annuellement 40 000 hectolitres de vin, dont 60 % de côtes-du-Marmandais AOC La cave possède une « cuverie » pour la vinification et l'élevage des chais de vieillissement, fûts et bouteilles. Blancs, rouges ou rosés, les producteurs du Marmandais attendent votre visite pour une dégustation personnalisée.

Marmande la Jolie

Fière de ses douze siècles d'histoire, Marmande, pour vous conter son passé, vous invite à parcourir la vieille ville ou à flâner en bord de Garonne.
De la place Henri-Birac, emprunter successivement les rues de la République et Labat. Cet ancien faubourg de Marmande devint, au 13e siècle, après la construction de la deuxième enceinte de fortification, le quartier des affaires. Consuls, riches bourgeois mais aussi gens du fleuve (mariniers, passeurs, pêcheurs) et artisans (cordiers, savetiers, dinandiers) animèrent cette partie de la ville qui porte probablement le nom d'une ancienne famille de notables : les Labat. Suivre le Chemin de

Eglise de Marmande. *Photo CDT 47.*

Ronde du Caillou (tour Henri IV). Traverser le Trec, puis l'espace boisé de la Filhole pour atteindre les berges de la Garonne. Longer celle-ci par la droite jusqu'au pont sur le Trec. Tourner à droite sur le boulevard Richard-Cœur-de-Lion. (fresques représentant l'histoire de la ville). Passer dans le tunnel qui monte au-dessus des remparts. Se diriger à droite vers le cloître (1545) et son jardin classique de l'art topiaire. Cet art, déjà en vogue au temps des Grecs et des Romains, consiste à tailler des arbres et des arbustes pour obtenir des formes variées : pyramides, cônes, sphères... Après l'église Notre-Dame (13e et 14e siècles), emprunter successivement les rues de la République à gauche, puis la rue Léopold-Faye jusqu'à la place Clémenceau (mairie, fontaine). Suivre les rues Abel-Boyé (musée Marzelles), Toupinerie et de la République à gauche pour revenir au point de départ.

Gastronomie des jardins et vergers de Garonne

Marmande, traditionnelle terre d'accueil entre Guyenne et Gascogne, séduit gourmets et gourmands : vins des côtes-du-Marmandais, cèpes, aloses, confits de canards et d'oie, foies gras, palombes, pruneaux et une riche production de fruits et légumes dont le fleuron est la très célèbre tomate de Marmande.

Savoureuse et charnue, elle apparaît sous cette appellation à la fin du 19e siècle, quand des agriculteurs réussissent à fixer les caractéristiques de ce fruit-légume coloré, rond et lisse. Ce produit a su utiliser tous les atouts du terroir, s'adapter au goût du consommateur et aux contraintes du transport pour s'exporter avec succès dans la majeure partie de l'Europe.

A voir aussi : la distillerie Lachèze, qui depuis près de 110 ans s'est spécialisée dans l'élaboration des fruits à l'eau-de-vie. Un musée retrace l'histoire de l'entreprise et montre les étapes de fabrication de leurs spécialités à base de cocktails de fruits, reines-claudes, kiwis, pruneaux... que vous pourrez déguster avec modération !

Légumes de Marmande. *Photo C.M.*

Les ruchers du moulin à vent situés sur le coteau de Beyssac dominent la vallée de la Garonne. Restauré par ses propriétaires en 1980 sous l'égide des Bâtiments de France, le moulin a retrouvé son charme d'antan, charpente en chêne et cèdre, ailes en épicéa. Une exposition retraçant la vie des abeilles et leur production vous y attend.

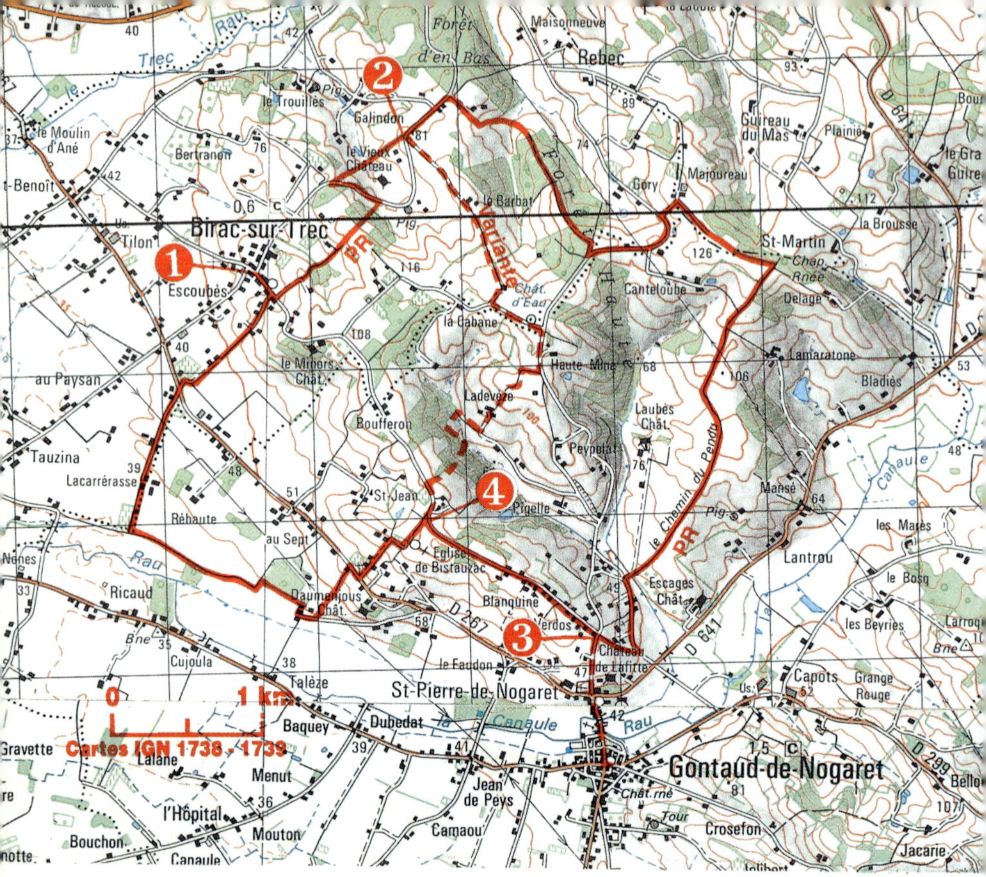

Le privilège du pigeonnier

La construction d'un pigeonnier était à l'origine un privilège seigneurial et un signe de richesse. Cette coutume, abolie avec la Révolution, n'empêcha jamais l'implantation de nombreux pigeonniers dans les fermes prospères de Moyenne-Garonne. Il en existe plusieurs types. Isolés, ils peuvent avoir des formes très diverses : ronds, carrés ou hexagonaux, pied-de-mulet, sur arcades, sur piliers de pierre ou de plain-pied. Ils peuvent être intégrés à d'autres bâtiments, accolés à un corps de ferme ou construits au-dessus d'un porche. Le plus remarquable de ce circuit, sur neuf piliers, est situé en face du vieux château. Les autres sont implantés dans les parcs des châteaux Lafitte et Daumenjous et dans la plaine de Garonne.

Pigeonnier de Birac. *Photo CDT 47.*

Pigeonniers et palombières

Fiche pratique **4**

5 h 20
16 Km

129 m
36 m

De la plaine de la Garonne, au Sud, aux coteaux boisés abritant des palombières, au Nord, découvrez quelques-uns des nombreux pigeonniers de notre département.

❶ Se diriger vers l'église. Après celle-ci, suivre à gauche la route. Après la dernière maison, suivre le chemin tout droit. Face au Vieux Château ruiné, tourner à gauche sur la route. Dans le troisième virage, descendre à droite par un chemin creux et remonter à Picotin.

▶ Variante vers le point ❹ (*circuit de 11 km – 3h40 : tracé en tirets sur la carte*).

❷ Aller tout droit sur la route. Juste avant un bois, prendre à droite vers Labellette (mare). Suivre tout droit un chemin qui sinue à travers champs. Au sommet continuer tout droit dans la Forêt Haute. A la sortie de ces bois, suivre la route à gauche. Après une grande courbe, monter à droite vers Majoureau. Avant un hangar, tourner à droite sur le chemin de crête (*palombières*). A un carrefour de trois chemins, monter à droite (*point de vue sur les coteaux du Marmandais*). Suivre tout droit le chemin dit du Pendu sur 2,7 km environ. En bas, franchir un pont. Emprunter la route à gauche sur 500 m. Monter à droite dans un chemin creux.

❸ *A gauche, Gontaud-de-Nogaret.*
Le circuit continue tout droit vers La Blanquine (*puits*) sur une route de crête.

❹ A la sortie des bois, dans un virage, descendre à gauche vers l'église de Bistauzac. Après celle-ci, tourner à droite le long d'un talus. Avant une ferme, descendre à gauche. Au calvaire, suivre à droite la D 267 sur 50 m. Avant une maison, descendre à gauche. Tourner à droite sur un chemin sablonneux. Contourner la ferme de Duchamps. Longer la bordure d'un bois. A son extrémité, tourner à gauche, puis à droite à 100 m. Après 1 km, se diriger à droite vers un séchoir à tabac en bois et une ferme entourée de serres. Continuer tout droit sur une route. Au carrefour après Lacarrérasse, traverser la D 267. Aller tout droit vers Létard. Au bout de la route, continuer par un chemin jusqu'au village de Birac-sur-Trec. A l'église, descendre à gauche pour regagner la mairie.

Situation Birac-sur-Trec, 9 km à l'Est de Marmande

Parking place face à la mairie

Balisage bleu (n° 16)

Difficulté particulière
- palombières entre ❶ et ❸

Ne pas oublier

2 h 40 — 2 h

À voir

En chemin
- Birac-sur-Trec : le Vieux Château
- pigeonniers
- La Blanquine : puits

Dans la région
- Virazeil : confiserie artisanale
- Sainte-Abondance : ferme découverte du Prévôt
- Clairac : musées de la Poupée et du Train

Le meunier et son moulin

Outre la halle, l'église Notre-Dame en partie romane (13e) et le château, le moulin de Gibra est le joyau de Gontaud. Il est le dernier né, vers 1831, des moulins à vent élevés sur la commune. Situé à Bourdeilles à 90 m d'altitude sur les premières terrasses de la rive droite de la Garonne, il a cessé de fonctionner à la mort de son dernier meunier, le 30 mai 1908. Celui-ci le légua au bureau de bienfaisance de la commune à condition de se faire inhumer dans le sol de son moulin avec ses parents et son oncle. En 1978, le Comité des amis des sites et richesses artistiques (CAMESIRA 47), associée à la Fédération compagnonnique du bâtiment et à la population, entreprend la rénovation du site. Le moulin tourne et moud à nouveau du grain lors des moissons.

Moulin de Gibra. *Photo CDT 47.*

Le moulin de Gibra

Après la visite des monuments de Gontaud (église, halle et château), un objectif pour cette balade : l'hommage à Eole.

❶ Emprunter le passage vers le monument aux morts, place Aristide-Briand. Suivre la route qui passe entre la halle et l'église (*panneau Sans issue et calvaire*).

❷ Dans un virage après une longue ligne droite, monter à gauche dans un chemin creux. Au sommet de la côte, tourner à droite et de suite à gauche dans un bois. A la sortie de ce bois, suivre la bordure de champ qui mène au chemin empierré desservant le hameau de Frèche. Passer entre deux maisons et continuer tout droit.

❸ Avant d'arriver sur une route décrivant un angle droit, prendre à droite vers Jacarie (*séchoir à tabac*). Après la première maison, le chemin de terre qui mène à Gajac devient empierré. Traverser la route de Cambes (*à droite, point de vue sur le hameau de Nogaret*). Après la dernière maison, suivre le chemin à gauche pour découvrir le moulin de Gibra, situé sur le flanc de la colline opposée.

❹ Pour aller au moulin : descendre tout droit, en bordure d'une haie. En bas, tourner à gauche pour rejoindre le moulin de Gibra (*situé sur la carte à Boureille*). *Il couvre ses ailes de toiles et fait tourner ses meules quand arrive la saison des moissons.*

❺ Revenir par le même chemin sur la colline de Gajac.

❹ Tourner à gauche. *Au virage suivant, point de vue sur toute la vallée.* Descendre par un chemin de terre dans la vallée (*vignoble, fontaine*). Au panneau indiquant Fon-du-Luc, suivre la route à gauche. Passer à Bringot. Après les anciennes carrières et le chemin du même nom, tourner à droite pour rejoindre la D 641. La suivre à droite sur 100 m puis emprunter à droite la rue des Jardins. Revenir dans le village en passant devant la fontaine-lavoir de la place du Champ-de-Foire.

Fiche pratique 5

2 h 40
8 Km

119 m
41 m

Situation Gontaud-de-Nogaret, 12 km au Sud-Est de Marmande

Parking place de la Mairie

Balisage jaune (n° 5)

À voir

En chemin

- Gontaut-de-Nogaret : halle, église et château
- moulin à vent de Gibra
- Bringot : pigeonnier « pied de mulet » et tour

Dans la région

- Buzet-sur-Baïse : navigation sur le canal latéral à la Garonne et La Baïse, cave coopérative
- Clairac : abbaye des Automates, navigation sur le Lot

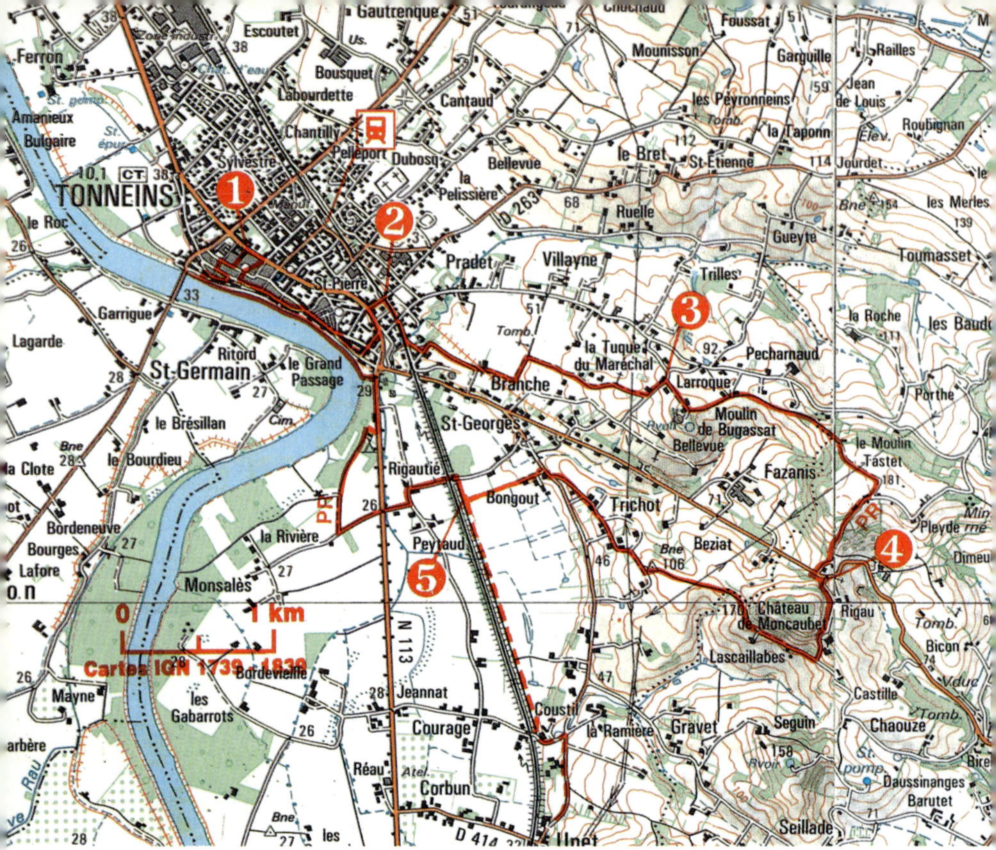

Le jambon de Tonneins

Tonneins. *Photo CDT 47.*

Il était une fois une petite auberge au cœur de la Gascogne qui accueillait les voyageurs à l'arrêt de la diligence. Les clients du coche se régalaient de la spécialité de la maison : le jambon du Postillon. Cette recette gourmande tenait sa renommée tant par le choix délicat de ses viandes, de ses couennes et du dosage des épices que par les douze heures de cuisson nécessaires à sa réalisation. Un jour, Louis XIII s'arrêta à l'auberge et dégusta cette fameuse sauce. Séduit, il se plut à en parler en le nommant le jambon de Tonneins. Cette appellation existe toujours et le secret de fabrication reste bien gardé. Remarquablement implantée au-dessus de la Garonne, la cité de Tonneins réserve d'autres surprises, dont une exposition concernant le fleuve et le tabac, sur le quai de la Barre.

Garonne d'hier et d'aujourd'hui

Des quais bordant le fleuve aux panoramas sur la vallée, Tonneins expose son histoire de la navigation et du tabac à l'espace A. Garonna.

❶ Emprunter successivement les rues des Droits-de-l'Homme, du Temple, Saint-Jean et la place Jean-Jaurès. Suivre ensuite le cours de l'Yser (*lavoir dans l'escalier du Bac et fontaine de Cuges dans l'escalier, face à la rue des Echelles*), l'esplanade Saint-Pierre, les rues Cazalis et des Arrière-Fossés. Traverser le boulevard Max-Dormoy aux feux tricolores vers la rue de la Passerelle.

❷ Passer sur la voie de chemin de fer. Suivre à droite la rue Champ-de-Bataillé puis le chemin de Balet. Au carrefour suivant, bifurquer à gauche dans la rue de Férègues et le chemin de Las Campagnes. A Latapie, passer sous le pont de l'ancienne voie ferrée. Au carrefour suivant, tourner à gauche. Monter vers le hameau de Poville.

❸ Tourner à droite vers le moulin de Bugassat. Au sommet, descendre à gauche sur un chemin herbeux. Monter dans un chemin ombragé. Passer au moulin Tastet. Traverser un verger de pruniers. A son extrémité, tourner à droite. Suivre à droite la route panoramique sur la vallée du Lot et les coteaux du pays de Serres.

❹ Traverser la D 911 en direction du château de Moncaubet. Dans le premier virage de la route en descente, tourner à droite. Après la deuxième maison, continuer tout droit sur un chemin de terre. A son extrémité, suivre la route descendante. Faire quelques mètres à droite sur la D 414. Suivre à gauche un chemin qui rejoint la voie ferrée.

❺ Tourner à droite (*à gauche, liaison avec le circuit 7*). Passer sous un pont. Derrière un hangar, tourner à gauche, puis, au carrefour suivant, à droite. Couper la N 113. A 300 m, aller à droite vers une peupleraie. Longer la N 113 sur 200 m. Suivre la base des remparts jusqu'au quai de la Barre. Remonter dans la ville par les escaliers des Bains. Revenir au point de départ par la rue Gabriel-Péri, le cours de la Marne, la place Théophile-Desclaux, les rues Notre-Dame, Saint-Jacques et du Maréchal-Joffre.

Fiche pratique 6

5 h
15 Km

180 m
28 m

Situation Tonneins, 17 km au Sud-Est de Marmande par la N 113

Parking face à l'office du tourisme

Balisage jaune (n° 18)

Ne pas oublier

2 h 30 1 h 50

À voir

En chemin

■ Tonneins : expositions *Garonna*, histoire de la batellerie et du tabac ; promenade en bateau ; moulin de Tastet ; point de vue

Dans la région

■ Brugnac : chaudron magique, élevage de chèvres angora, tissage, teinture, fromage
■ Lagruère : navigation sur le canal latéral à la Garonne
■ Villeton : réserve naturelle de La Mazière

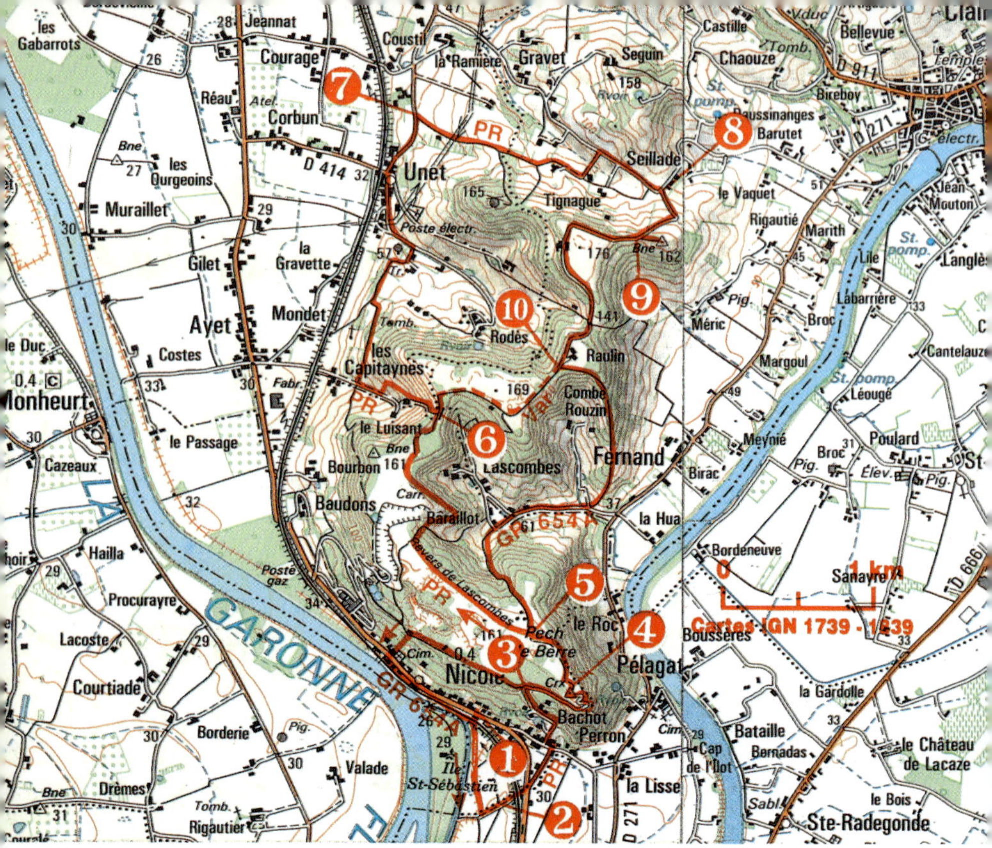

Toponymie agenaise

En langue gauloise, « pech » signifie chef, c'est-à-dire mont. Le pech de Berre surplombe le confluent du Lot et de la Garonne et la bastide d'Aiguillon. En 1896, à l'occasion d'une mission dans la région, une quête fut organisée dans toutes les paroisses ayant vue sur le site pour y construire une croix monumentale. Haute de 18 m, elle fut inaugurée le lundi de Pâques 1897. Aujourd'hui, une halle traditionnelle des places de nos marchés abrite une dalle où est gravé « Cap dou Mounde ». Cela signifie le bout du monde, symbole de cette pointe de terre escarpée, dernier sursaut du Massif central avant le Bassin aquitain. Le premier village au pied du site s'appela Congé, synonyme de Condé : un des coins de terre situés sur des confluents.

Le confluent du Pech-de-Berre. *Photo CDT 47.*

Du Pech-de-Berre, le confluent

Fiche pratique **7**

Au pied du panorama de la croix monumentale, se rejoignent le Lot et la Garonne, nœud de la navigation fluviale et symbole du département.

❶ De la N 113, passer sous la voie ferrée. Suivre à gauche le chemin dans un verger entre le Canalet et une digue. Franchir celle-ci.

❷ Continuer tout droit. Passer à nouveau sous la voie ferrée. Traverser la N 113 et suivre la direction Panorama.

❸ Monter jusqu'au panorama du Pech-de-Berre.

❹ Du parking, contourner la halle par la droite. Suivre un chemin en bordure d'un bois puis vers un bosquet d'où émerge un pin parasol (*ferme en ruines*).

❺ Se diriger vers la haie située à gauche des ruines. La longer par la gauche. En vue d'un réservoir d'eau, tourner à droite à angle droit et descendre dans un bois. En bas, contourner un promontoire calcaire et longer le plateau par la droite en bordure d'un autre bois. A l'extrémité Nord du plateau, tourner à droite. Continuer tout droit à travers une clairière sur un chemin de crête (*panorama*).

► Tout droit, variante vers le point 10 (*circuit de 12 km – 4 h*).

❻ A la sortie de cette clairière, bifurquer à gauche sur un sentier sinueux et pentu qui descend sur une route. Descendre à droite sur 200 m. Suivre un chemin à droite puis une route à flanc de colline vers Unet. Emprunter la D 414 vers Tonneins sur 350 m.

❼ Monter à droite vers le moulin de la Ramière. Au sommet, contourner le site du motocross par la gauche. Suivre la route à gauche puis à droite.

❽ Au carrefour, monter à droite.

► Hors circuit : dans le second virage, en montant à gauche, panorama sur les vallées de la Garonne et du Lot.

❾ Poursuivre tout droit vers Claustre.

❿ Après Raulin, descendre à gauche. En fond de vallée, tourner à droite. Dans un virage, monter à gauche face à une maison et à une fontaine. A la sortie du bois, emprunter le même chemin qu'à l'aller pour rejoindre la croix du Pech-de-Berre. Redescendre par la route.

❸ S'engager sur un chemin à flanc de colline vers Nicole et repasser sous la voie ferrée.

6 h • 18 Km

175m / 26m

Situation Nicole, 27 km au Sud-Est de Marmande par la N 113

Parking en bordure de la N 113 ou au Pech-de-Berre

Balisage (n° 19)

❶ à ❷ blanc-rouge
❷ à ❸ jaune
❸ à ❺ blanc-rouge
❺ à ❽ jaune
❽ à ❶ blanc-rouge

Difficulté particulière

- forte pente entre ❻ et ❼

3 h — 2 h 15

À voir

En chemin

- Nicole : canalet et écluse, croix du Pech-de-Berre, halle traditionnelle du Sud-Ouest (piliers et charpentes en poutres de chêne couverts de tuiles)
- Unet : musée

Dans la région

- Buzet-sur-Baïse : navigation sur la Baïse et canal latéral à la Garonne
- Barbaste : Moulin des Tours Henri IV
- Nérac : château et navigation sur la Baïse

Navigation en Lot-et-Garonne

Par délibération du 23 mai 1991, l'assemblée départementale du Lot-et-Garonne a décidé d'engager un important programme de travaux ayant pour objet la remise en navigabilité de l'axe fluvial Baïse-Garonne-Lot. Ce sont aujourd'hui plus de 200 km de voies navigables qui sont ouverts aux plaisanciers; 95 km avec 16 écluses sur le canal latéral à la Garonne, 45 km avec 16 écluses sur la Baïse, 49 km avec 4 écluses sur le Lot, de Nicole à Villeneuve-sur-Lot. A bord de votre bateau, d'une embarcation louée ou lors d'une croisière de quelques heures, profitez du charme de nos rivières pour découvrir le patrimoine architectural, culturel et gastronomique de notre département. Et partez en randonnée depuis les haltes aménagées.

Canal latéral. *Photo CDT 47.*

Un port fluvial sur le Lot

De crêtes en pechs, découvrez les points de vue sur les coteaux du Lot, mais aussi la rivière, vue d'en bas ou vue d'en haut. L'écluse la plus haute d'Europe permet le franchissement d'un barrage.

❶ Se diriger vers la maison de retraite. Suivre la première rue à gauche ; après le cimetière, tourner à droite sur un chemin herbeux, puis à gauche au stade. Emprunter à droite la D 225 sur 250 m, puis monter vers Lissandre. Au carrefour, continuer tout droit vers Cruzel sur un chemin de castine. Poursuivre sur un chemin de terre en contrebas de la maison.

❷ Suivre la route à gauche. Avant un portail, monter à gauche dans un chemin ombragé. Au sommet, suivre le chemin de crête jusqu'à la D 667 (palombières). Traverser le carrefour. A 50 m, monter à droite et de suite à gauche sur un chemin de castine très pentu. Au ball-trap, descendre à gauche sur la D 101. Tourner à droite dans le bois, derrière un grillage. Au bout, remonter la D 202 à gauche jusqu'au second virage. Monter à gauche dans le bois de Comarque. Suivre à droite la D 101 sur 400 m. Après la métairie de Comarque, descendre à droite dans un bois. Emprunter à gauche la D 202 jusqu'au premier carrefour. Prendre la direction de Sermet, puis de Bruguette. Descendre à gauche sur un chemin bordé d'une haie.

❸ Tourner à gauche ; 400 m après Les Jonquas, continuer la montée tout droit. Au sommet, après la ferme de Malvinot, suivre à gauche la D 101 sur 100 m. A l'entrée de l'aérodrome, se diriger à travers champs vers le bouquet de cèdres de Labrou.

❹ Emprunter les routes à gauche puis à droite ; 200 m avant le château d'eau, aller vers La Roumégade.

❺ Suivre un chemin sur la crête, prolongé par la route de La Côte du Rocher qui descend dans la bastide. Aller vers la mairie. Suivre successivement les rues Garrau et du Château, puis descendre sur les berges du Lot. Passer sous le pont ; 200 m avant l'écluse, monter les escaliers. A l'entrée de la rue du Docteur-Berguin, tourner à droite. Suivre les rues du 8 Mai 1945, Traversière et Gabriel-Bonnet, la place de la Libération, puis la rue du 11 Novembre.

Fiche pratique 8

6 h 40
20 Km

186 m
56 m

Situation Castelmoron-sur-Lot, 19 km à l'Ouest de Villeneuve-sur-Lot par les D 911 et 667

Parking place des Allées de Comarque

Balisage (n° 24)

❶ à ❷ blanc-rouge
❷ à ❸ jaune
❸ à ❹ jaune-bleu
❹ à ❺ jaune
❺ à ❶ blanc-rouge

Difficulté particulière

■ palombières entre ❷ et ❹

3 h 20 2 h 30

À voir

En chemin

■ Castelmoron-sur-Lot : berges du Lot, écluse, vieilles rues, armes de jet médiévales (catapultes) à l'*Auberge de Lisle*
■ Montesquieu : verger conservatoire
■ Le Temple-sur-Lot : établissements *Latour-Marliac*, plantes aquatiques

Brugnac
Baruteau
Montardit
Pons
la Persegade
Charrière
les Combords
Parat
les Barrails
les Augés
Cropenade
Mairie de Brugnac
Verdegas
les Perrets
Grangeneuve
Téroncle
Brandal
la Pascale
D 301
Monbazon
Gilet
l'Hermitage
la Peyrière
le Moulin de Subrebosc
Couzinet
la Grangeotte
Camp de Biard
la Mothe
D 314
PR
Guinet
Cantelauzette
Latapie
Roudeyrou
Bois de Roche et Baladas
Tourrisse
Platan
Thoumassou
les Brugues
Garrigue
Bourran
Lormière
Vialas
les Truquets
les Combrets
Catherine
Ligoune
Sermet
Femmemorte
Jeanatou
Casse
Goudail
les Jonquas
Bretoule
St-Pierre
la Tuque
Malmont
Peyreguilhot
Chopis
la Bourdette
Brion
Pourret
Barrau
Floucau
Bardoulet
Mendé
Brisefer
D 101
Jean Bertrand
la Croze
Retailleau
Charbonneau
Frégilis
Élev.
les Bernats
les Aillens
Labrou
Lacastagnal
le Vignoble
Marliac
Gaydoux
St-Jean
Variante
les Jouatous
les Maurannes
St-Gayrand
Gadiot
Latané
Bordeneuve
Laubarède
le Roussel
D 202
Meytadès
Bernège
Jean Bernège
Gabachou
la Lèbre
Rambaud
Touraille
Pincoy
Feytous
Yot
Ribet
St-Denis
Laparade
Guillamote
Pichauzel
Latapie
Montbarbat
Capdemail
GR 654A
Temple
Peyrotte de Mathieu
D 263
D 249
le Bigé
Maucap
la Boup
le Bas de la Côte
les Bellocs
Mondou
Marsac
le Plet
Jacquet du Plet
le Gabach
Roubillon
Larouy
Chappes
Balat-Sec
Granges-sur-Lot
Bernège
le Caussinat
Mourès
D 911
Pont suspendu
Roussanes
Borde Basse
le Guerrouet
le Fangas
le Marais
Camp de Bauss
St-Philip
Bosq
1 km
Carte IGN 1839
le Marais
le Metge
Fontaine
Samson
Naufonds
Perrot
Michau de Félix
la Gourgue
Bouscayrat
D 666
Picharry
la Rive
la Muraille
Lot

Une bastide panoramique

Fiche pratique **9**

La forteresse de Castelseigneur, ancien nom de ce village, fut fondée au 13e siècle sur un promontoire dominant la vallée du Lot et les vergers, qui offrent au printemps une riche palette de couleurs.

1 S'engager dans une petite rue perpendiculaire à la halle. Tourner à droite puis à gauche après l'école. Descendre en direction de Clairac. Monter à droite sur un chemin de castine qui borde une crête boisée.

2 A Montbarbat, descendre à droite sur 250 m. Avant un lac, monter vers Balareau. Dans le premier virage, tourner à gauche. Redescendre à travers champs et bois sur la D 263. Aller en face. Tourner à droite, juste avant la ferme de Latané.

▶ Variante vers le point 6 (*circuit de 12 km – 4 h*).

3 Suivre la route à gauche sur 1 km. A un carrefour, prendre la direction Les Bernats. A 70 m, suivre à gauche un chemin qui contourne un verger. A une intersection, tourner à droite vers un bois, le longer. Franchir le ruisseau le Rose et remonter vers Saint-Pierre. Emprunter la route à droite, puis la D 101 à droite sur 800 m. Se diriger à gauche vers Casse. Continuer tout droit dans les bois de Roche et Baladas. Suivre les routes de vallée à droite, puis à gauche par Binet et Bordeneuve. Au carrefour de Camp de Biard, tourner à droite vers Les Bruges.

4 Aller tout droit ; 400 m après Les Jonquas, continuer en face par un chemin. Au sommet, suivre la D 101 à gauche sur 100 m. A l'entrée de l'aérodrome, se diriger à travers champs vers le bouquet de cèdres de Labrou.

5 Suivre la route à droite sur 350 m. Descendre à gauche, le long d'un grillage. Passer au bord de la digue d'un lac et de la station de pompage.

6 En bas, tourner à gauche et monter tout droit vers la ferme de Grand Camp.

7 Après la ferme de La Lèbre, descendre à droite, le long d'un verger, puis à gauche dans le vallon de Labrisse. Remonter à gauche dans une combe. Suivre à gauche la D 202 sur 100 m. Tourner à droite sur une petite route qui contourne la maison du Petit-Moulin. A l'entrée du village, s'engager à droite sur le chemin de ronde (mare). Au monument aux fusillés, tourner à gauche.

7 h 40
23 Km

186 m
53 m

Situation Laparade, 25 km à l'Ouest de Villeneuve-sur-Lot par les D 911, D 667, D 249 et D 263

Parking place de la Halle

Balisage (n° 25)

- 1 à 2 blanc-rouge
- 2 à 4 bleu
- 4 à 5 jaune-bleu
- 5 à 7 bleu
- 7 à 1 blanc-rouge

Difficultés particulières

- humide entre 4 et 5
- palombières dans bois de roches et les Bruges

Ne pas oublier

3 h 50 — 2 h 50

À voir

En chemin

- points de vue

Dans la région

- Vianne : bastide et verrerie
- Xaintrailles : château
- Buzet-sur-Baïse : cave coopérative des vignerons de Buzet

Richesses de la nature

Dans la vallée du Tolzac, vous pourrez vous initier à différents phénomènes naturels de transformations alchimiques… Découvrez les secrets de l'élaboration du nectar des abeilles par une visite où les ruches, transparentes, permettent d'apprécier le travail de leurs hôtes.

Au Chaudron magique, sur la commune de Brugnac, regardez et participez à la vie d'une véritable ferme d'élevage de chèvres angora : l'herbe devient fromage et laine, laine mohair teintée ensuite selon des recettes ancestrales par des produits végétaux.

Enfin, rêvez devant les vestiges d'une autre ère et d'un autre climat. Des arbres pétrifiés, issus d'un curieux processus du quaternaire, sont visibles dans le village.

Chèvre angora de Brugnac.
Photo CDT 47.

Au pays des arbres pétrifiés

Curieuse, cette vallée du Tolzac ? Musée apicole, chaudron magique, arbres pétrifiés… Venez donc voir ! Ce n'est pas son seul atout.

❶ Traverser la rue principale. Suivre le chemin de ronde en face (*point de vue sur l'église de Saint-Gayrand et le château de Lagarde et, à l'horizon dans la même direction, sur la flèche de l'église de Laparade*). Remonter dans le village par un chemin creux (*fontaine*). Emprunter à gauche la D 101.

❷ A la sortie de Grateloup, passer à la ferme La Joucade. Continuer tout droit jusqu'à une intersection.

❸ Descendre à gauche vers Jacquetendon. Contourner la ferme par la gauche. En bas, suivre le ruisseau le Rose à gauche sur 100 m. Le franchir et monter en bordure puis à travers bois (*palombière*). Au lieudit Le Refuge, descendre tout droit le long d'un grillage. Tourner à droite sur la D 263 E. Au carrefour de la D 263, avant un pont sur la Torgue, monter à gauche sur un large chemin herbeux. *Au sommet, point de vue sur Grateloup et Saint-Gayrand*. Traverser la D 126. Suivre la route en face jusqu'à la mairie. Poursuivre la montée vers l'église (*vue panoramique à 360°*).

❸ Revenir par le même itinéraire jusqu'à la ferme La Joucade.

❷ Juste après, suivre à gauche la route du chemin de ronde vers le lavoir (*point de vue sur les coteaux du Marmandais, et, plus précisément, sur le village de Verteuil-d'Agenais*).

Fiche pratique 10

4 h
12 Km

173 m
55 m

Situation Grateloup, 23 km à l'Est de Marmande par la RN 113 et la D 101

Parking place de la salle des fêtes

Balisage jaune (n° 26)

Difficulté particulière

- palombière dans le bois de Chastelot

Ne pas oublier

À voir

En chemin

- La Joucade : ferme de découverte
- Saint-Gayrand : église

Dans la région

- Grateloup : écomusée de l'abeille à la ferme de Sablé
- Brugnac : le Chaudron magique, laine mohair, fromage de chèvres
- Casteljaloux : base de loisirs de Clarens

La prune d'Ente

La prune, ramenée de Syrie à l'époque des Croisades, s'est bien adaptée aux terres du Lot-et-Garonne, sources de 65 % de la production nationale. Casseneuil et la vallée du Lot sont le berceau du pruneau d'Agen. Les randonneurs connaissent bien ce fruit pour sa valeur énergétique. Notre gastronomie a su l'adopter dans les recettes traditionnelles, sucrées ou salées : tartes, riz, clafoutis, lapin, daube, lamproie, mais aussi dans des préparations de crèmes de pruneaux enrobées de chocolat, de prunes et de pruneaux à l'eau-de-vie. S'imposent une balade sur la péniche de Maître Prunille et une visite aux magasins de Casseneuil, de Villeneuve-sur-Lot ou d'Agen, sans oublier pour autant la visite des vieux quartiers de Casseneuil.

Prune d'Ente. *Photo CDT 47.*

Au pays de Maître Prunille

Fiche pratique 11

Capitale du pruneau d'Agen, ce village traversé par trois rivières prépare son avenir fluvial en aménageant un port sur le Lot. Pensez à une croisière sur le bateau du maître des lieux !

❶ Se diriger vers Sainte-Livrade.

❷ Tourner à gauche sur le chemin de Pascalet. Place de la Mairie, suivre à gauche la D 242.

❸ Au premier carrefour, suivre à droite le chemin empierré (ancienne voie ferrée). Contourner la maison de retraite. Longer le quai de la gare et continuer tout droit à travers des vergers de pommiers et de pruniers d'Ente. Au sens giratoire, suivre à gauche la D 236 sur 300 m. Avant la première maison de Finelle, tourner à gauche dans une peupleraie. Le chemin traverse des vergers de pruniers et de noyers. Emprunter la route à droite. Couper la D 242 en direction de Lagrave. Tourner à droite vers Rouyre. A la sortie de ce hameau, monter à gauche entre vignes et vergers. Au sommet, suivre la route à droite sur 200 m.

❹ Descendre à gauche dans un chemin creux, ensuite bordé de haies.

❺ Avant le ruisseau de la ferme de Lacapelle, tourner à gauche. Suivre le chemin tout droit jusqu'à la ferme de Carretié. Descendre à droite sur 500 m jusqu'à un carrefour.

► Variante vers le point ❸ (*circuit de 14,5 km – 4 h 50*).

► Pour la suite du grand circuit, une autre variante est possible par le pont sur la Lède (*passage privé autorisé*) : longer une vigne à droite. Remonter la Lède.

❻ Suivre tout droit une route vers Cendrous (*ou Saindroux*), puis la D 216 à gauche. Avant un virage, monter à droite. Rester en lisière de bois. Suivre à gauche la D 430 sur 200 m. Emprunter un chemin en bordure de champ. Contourner un bois par la gauche. Monter en direction d'un autre bois. En bas, suivre une haie de chênes. Franchir un ruisseau. Longer la bordure de champ surplombant la route. Tourner à droite sur la D 430. Au rond-point, aller vers le Centre nautique. Suivre les bords de Lède. Franchir le confluent de la Sône, puis celui de la Lède. Emprunter les quais des Gabares et des Vins. Tourner à gauche sous le pont.

6 h
18 Km

102 m
42 m

Situation Casseneuil, 10 km au Nord-Est de Villeneuve-sur-Lot

Parking place de l'Office du tourisme

Balisage (n° 31)

❶ à ❹ jaune
❹ à ❺ jaune et jaune-vert
❺ à ❶ jaune

Difficulté particulière

■ humide entre ❺ et ❻

Ne pas oublier

3 h 2 h 15

À voir

En chemin

■ Casseneuil : église avec fresques, points de vue sur la bastide de Saint-Pastour, la vallée du Lot et le village de Pujols ■ balades, repas-croisière sur la péniche de *Maître Prunille*

Dans la région

■ Villeneuve-sur-Lot : bastide du 13e ■ Pujols : village médiéval panoramique ■ Fontirou : grottes et parc préhistoriques

Le pruneau en apéritif

Deux recettes…

Le Cocktail agenais, recette d'Adrien Calmels de Coulx.

Sirop de sucre de canne, eau-de-vie de prune, pruneaux d'Agen, vin mousseux.

Dans une flûte à champagne givrée, mettre une cuillerée à soupe de sirop de sucre, une cuillerée à soupe d'eau-de-vie de prune et un pruneau d'Agen. Arroser le tout de vin mousseux brut, ou mieux de champagne brut. Servir très frais, accompagné de…

Vue sur Montastruc. *Photo CDT 47.*

Pruneaux au bacon

30 gros pruneaux, 15 tranches de bacon très fines, 30 petits bâtonnets de bois.

Dénoyauter chaque pruneau, l'entourer de la moitié d'une tranche de bacon et la maintenir avec un bâtonnet. Mettre au four chaud pendant 5 minutes. Bon appétit !

D'un pech à l'autre

Le village panoramique de Montastruc reste visible de tous les points de ce parcours. Les promeneurs pourront faire seulement le tour du lac de Loubet.

❶ Suivre la D 120 direction Verteuil jusqu'au premier virage. Aller tout droit puis à gauche à 100 m sur un chemin de castine. Contourner le practice du golf de Barthe. Longer la bordure de champ parallèle à la D 667. Traverser celle-ci pour gagner le moulin de la Ville (*panneau Sans issue*). Traverser les bois de la ville.

❷ A leur extrémité, descendre à gauche. Remonter dans un chemin ombragé sur la route qui accède au village de Montastruc.

❸ Suivre le tour de ronde par la droite (*point de vue sur la bastide de Monclar-d'Agenais*). A l'extrémité Est du village, descendre vers la cabine téléphonique et le rond-point. Emprunter la D 256 en direction de Monbahus sur 700 m. Descendre à gauche, sur l'église Saint-Pierre puis à Jolibet. Suivre un chemin de terre à travers champs puis en bordure d'un bois et d'un lac. Après le déversoir et la ferme de Cabanes, tourner à droite. Laisser la chapelle de Cabanes et une route à droite. Suivre à gauche la D 124.

❹ 100 m après le pont sur le Petit Tolzac, s'engager à droite dans un bois. Monter à gauche dans le premier chemin qui traverse puis longe le bois. Au sommet, après un verger de pruniers et un hangar, descendre à gauche par un chemin qui traverse collines et vallées par les fermes Le Ministre et Le Duc. Descendre tout droit.

► Variante : on peut faire le tour du lac (*prévoir 1 h de plus*). Au bout, descendre en bas de la digue et franchir le déversoir sur un pont.

❺ Après le ruisseau d'alimentation du lac, tourner à gauche. Longer les berges jusqu'à la route qui remonte à Tombebœuf. Suivre à gauche la D 667 sur 100 m (*point de vue*). Monter à droite à travers l'aire de jeux (terrain de pétanque). Tourner à droite et tout de suite à gauche dans la rue Denis-Porcarelli.

► Hors circuit : on peut aller à droite au point de vue sur Tourtrès.

❻ Monter vers l'église. Redescendre sur la rue principale et le parking de départ.

Fiche pratique 12

6 h 20
19 Km

195 m
82 m

Situation Tombebœuf, 26 km à l'Est de Marmande par les D 933, D 124 et D 661

Parking place face à la boulangerie

Balisage jaune (n° 32)

Ne pas oublier

3 h 10 2 h 20

À voir

En chemin

■ Montastruc : site panoramique, églises Saint-Pierre et de Cabanes
■ Tombebœuf : lac de Loubet, golf de Barthe

Dans la région

■ Miramont-de-Guyenne : musée des Allumettes, lac du Saut-du-Loup
■ Virazeil : confiserie artisanale

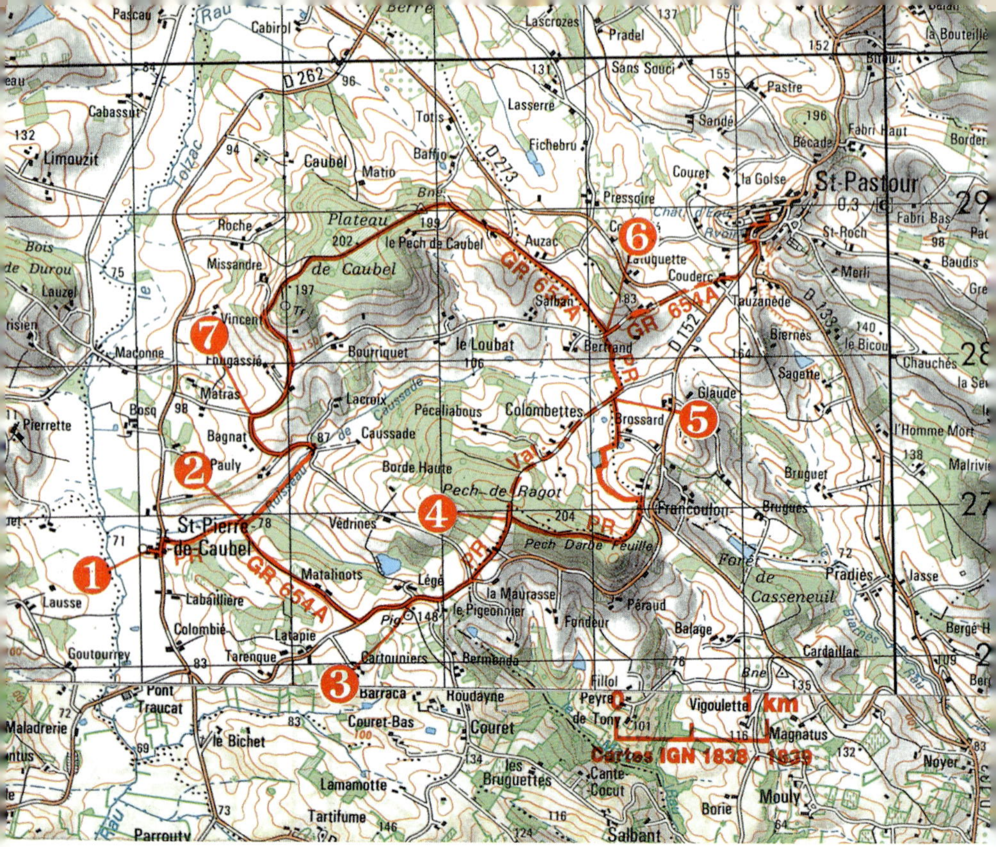

Une bastide de hauteur

La bastide de Saint-Pastour fut fondée en 1272 par Alphonse de Poitiers. Elle conserve de son passé médiéval l'ancienne porte couronnée d'une statue de Jeanne d'Arc, un vieux puits et une halle en bois. Elle est ceinturée d'un chemin de ronde dominé par les restes d'un château féodal. L'église Saint-Pasteur, du 15e siècle, est un édifice gothique voûté sur croisées d'ogives qui possède un remarquable portail Renaissance. Ce village est représentatif des bastides de hauteur qui épousent les formes du promontoire rocheux sur lequel elles sont implantées. La promenade permet de découvrir cette cité sous divers angles depuis les pechs de Caubel ou Darbe-Feuille.

Saint-Pastour. *Photo CDT 47.*

Bastides en point de mire

Fiche pratique 13

Quelques belles montées, mais la récompense est au bout de l'effort avec des panoramas très ouverts sur les bastides de Saint-Pastour et de Monclar et les coteaux du Haut-Agenais.

❶ Suivre à gauche la D 262 vers Cancon. Tourner à droite en fond de vallée jusqu'à l'entrée d'un bois.

❷ Monter à droite dans un chemin creux. Passer au hameau des Matalinots. Emprunter à gauche la D 152 vers la tour d'un moulin ou d'un pigeonnier.

❸ Continuer sur la D 152 pendant 500 m. Au deuxième carrefour, bifurquer à gauche, puis s'engager dans un chemin montant vers La Maurasse et le pech Darbe-Feuille.

► Tout droit, variante menant au point ❺.

❹ A l'entrée du bois, suivre le chemin perpendiculaire qui traverse le pech. *A la sortie du bois, vue sur la bastide de Saint-Pastour.* Descendre vers le hameau de Francoulon-Haut. Au niveau d'une grange, descendre à gauche. Contourner un lac et remonter à droite. Suivre le chemin qui passe en contrebas de Brossard.

❺ Emprunter à droite la route sur 100 m. Descendre à gauche et passer un gué.

► Hors circuit (*balisage blanc-rouge*) : en tournant à droite, on gagne Saint-Pastour (1,7 km), *voir tracé en tirets sur la carte.*

❻ Traverser la route de Bertrand. A Auzac, continuer tout droit (*point de vue, dans le sens des aiguilles d'une montre : en face Monbahus, à droite Moulinet et l'église de Beaugas, derrière Saint-Pastour et le coteau de Castelnaud de Gratecambe en arrière-plan, à gauche la bastide de Monclar*). Monter vers le pech boisé du plateau de Caubel. *A sa sortie, point de vue sur le village de Montastruc.* Descendre par la route vers Fougassié.

❼ Au deuxième carrefour (*panneau Circuit des bastides et Points de vue sur le Lot*), poursuivre la descente à gauche en direction de Bagnat. En bas de la côte, après un pont, tourner à droite sur un chemin bordé d'une rangée d'arbres et du ruisseau de Caussade. Traverser ce ruisseau et la pointe du bois bordant le ravin de Légé.

❷ Revenir à Saint-Pierre-de-Caubel par le même chemin qu'à l'aller.

3 h 40
11 Km

202 m
78 m

Situation Saint-Pierre-de-Caubel, 20 km au Nord-Ouest de Villeneuve-sur-Lot par les D 242, D 275 et D 262

Parking place de la mairie de Saint-Pierre-de-Caubel

Balisage (n° 33)

❶ à ❷ jaune
❷ à ❸ blanc-rouge
❸ à ❻ jaune
❻ à ❷ blanc-rouge
❷ à ❶ jaune

Difficulté particulière

■ palombière sur le plateau de Caubel

Ne pas oublier

1 h 50 1 h 20

À voir

En chemin

■ Saint-Pastour : bastide

Dans la région

■ Circuit des Châteaux et Bastides (Monflanquin, Castillonnès, Villeréal : 13e)
■ Lacapelle-Biron : parc animalier *P'Arc-en-Ciel*. (ferme-découverte)

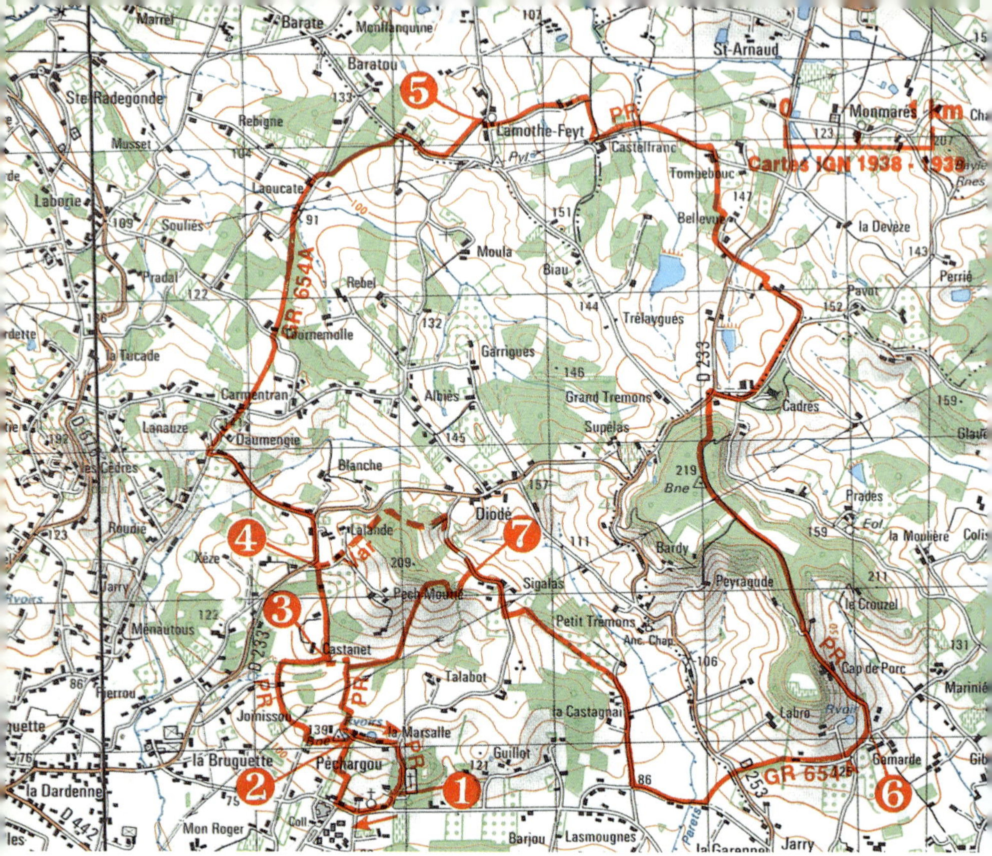

Une bastide de vallée

Bastide. *Photo CDT 47.*

La bastide de Villeneuve, fondée en 1264 par Alphonse de Poitiers en paréage avec l'abbaye d'Eysses, s'est construite de part et d'autre du Lot. Elle garde de nombreux témoignages de son passé : la place Lafayette, carrée, entourée d'arcades, les portes de Paris et de Pujols, le vieux pont, construit au 13e siècle par les Anglais, l'architecture typique des rues qui se coupent à angle droit selon un plan en échiquier, les maisons à colombages et encorbellements, la chapelle Notre-Dame du Bout-du-Pont, construite au 16e siècle et dont une partie surplombe le Lot, les églises de Saint-Étienne du 17e siècle, et de Sainte-Catherine qui possède des vitraux des 14e et 15e siècles. Depuis le village médiéval de Pujols, la bastide, en vallée, est remarquable.

La montagne de Cadrès

Fiche pratique **14**

Admirez de nombreux points de vue sur les bastides de Villeneuve, Castelnaud-de-Gratecambe et Monflanquin, et sur les sites de Penne-d'Agenais, du château de Cadrès et de la vallée du Lot.

❶ Suivre la route en contrebas de l'école. Au niveau du collège, monter à droite.

❷ Après une mare, tourner à gauche au pied d'une tour. Suivre le premier chemin à droite. Passer derrière la maison de Talou. Franchir un ruisseau et tourner à droite dans un pré.

► Variante vers le point ❽ (*circuit de 4 km – 1 h 20*).

❸ Monter à gauche dans un chemin creux jusqu'à une intersection.

► Variante vers le point ❼ (*circuit de 7,5 km – 2 h 30*).

❹ Suivre une route tout droit vers Lalande, puis Conti. Après Roc-de-Lanauze, au panneau Sirgues, monter à droite. Dans le premier virage, aller tout droit. Au sommet, prendre en face. Suivre la route à gauche sur 100 m. S'engager à droite dans un bois. Prendre à droite la route ; 150 m après un carrefour, bifurquer à droite dans un bois. A Cap-del-Bosq, suivre à droite la route sur 350 m. Se diriger vers l'église de Lamothe-Feyt.

❺ Face à l'église, tourner à droite. A 100 m, aller à gauche vers Pébat. A l'extrémité du dernier verger, tourner à droite, puis à gauche sur un chemin de castine. Avant une route, bifurquer à droite sur un chemin bordé de chênes. A Bellevue, poursuivre à droite. Couper la D 233. A un carrefour de trois chemins, prendre à droite. Passer derrière la haie de la maison de Beyrine. Se diriger vers le château de Cadrès. Au carrefour, monter à gauche vers les bois de la montagne de Cadrès. Passer à Lafontasse.

❻ Au panneau Cap de Port, tourner à droite. Couper la D 253. Suivre le chemin en face. A 250 m, tourner à droite. Au carrefour suivant, aller à droite. Traverser le hameau La Castagnal. Bifurquer à gauche entre une peupleraie et un verger de pruniers. Au sommet, prendre à droite la route sur 200 m puis un chemin à gauche. Monter à droite vers les bois dominant le pech de Moutié.

❼ Les contourner par la gauche. Descendre en fond de vallée. Suivre le ruisseau à droite.

❽ Après un passage sur un talus, remonter à gauche vers La Marsalle.

❷ Regagner le départ en passant par le poney-club.

7 h
21 Km

219 m
86 m

Situation Courbiac, 5 km à l'Est de Villeneuve-sur-Lot par la D 911, direction Penne-d'Agenais

Parking place de l'église et de l'école de Courbiac

Balisage (n° 34)

❶ à ❸ jaune
❸ à ❺ jaune et orange
❺ à ❻ jaune
❻ à ❷ jaune et orange
❷ à ❶ jaune

Difficulté particulière

■ humide entre ❷ et ❹

Ne pas oublier

3 h 30 2 h 40

À voir

En chemin

■ châteaux de Pech Moutié et Cadrès (privés)
■ Lamothe-Feyt : église
■ La Marsalle : poney-club, école d'attelage, gîte d'étape, grange avec galerie

Dans la région

■ Frespech : musée du Foie gras
■ Penne-d'Agenais : village médiéval, artisans d'art

Pâtisserie de Gascogne

Merveilles ou « cuisses de demoiselles »
Pour 8 personnes

Préparation : 40 mn

Cuisson : 1 mn dans une friture.

1 kg de farine, 8 œufs, 350 g de sucre, 1 paquet de levure, 2 cuillèrées à soupe d'huile, armagnac ou d'eau de fleur d'oranger pour parfumer, huile pour friture.

Bien mélanger les ingrédients pour obtenir une pâte souple. Mettre en boule et fariner légèrement. Laisser reposer 1 h. Etendre la pâte. Découper des bandes de formes variées. Plonger celles-ci dans la friture. Dès qu'elles sont blondes à point, égoutter et placer dans un panier. Saupoudrer généreusement de sucre.

Ces gâteaux se consomment tièdes, accompagnés d'un vin blanc moelleux de Duras. Ils peuvent également se conserver plusieurs jours et être dégustés lors de randonnées.

Merveilles. *Photo CDT 47.*

La balade du coteau de Trentels

Il faut monter pour mieux percevoir l'environnement accidenté des contreforts du Lot et chercher dans le paysage les richesses qui s'y nichent : bastides, pigeonniers, vergers...

❶ Longer la D 911 en direction de la mairie et de la poste. Prendre à gauche la direction de l'église (*dans le parc arboré du château, pigeonnier sur piliers*).

❷ Suivre la route montante et sinueuse qui borde le mur du cimetière. Laisser sur la gauche le hameau de Chamouleau.

❸ Tourner à droite vers Casse-Gros. Passer au-dessus de la maison de Tambour et bifurquer à droite sur un chemin qui longe une haie, puis traverse des vergers (*point de vue sur la vallée du Lot*).
Le chemin contourne le coteau de Trentels pour aboutir au hameau de Capellet.
Suivre à gauche la route vers Lafage (*verger planté en joualles : plantations d'arbres, alternés de semis de céréales ; fontaine-lavoir, point de vue sur les coteaux du Haut-Agenais*).

❹ Monter à gauche vers Mérice sur quelques dizaines de mètres et bifurquer à gauche dans un chemin. A un carrefour, monter à droite (*puits*). Suivre une bordure de bois. Traverser un verger de pruniers tout droit. Emprunter un chemin entre bois et verger qui débouche sur une route. Remonter celle-ci à gauche. Laisser sur la gauche les hameaux de Roques (*pigeonnier*) et La Croix-de-Balens (*point de vue*).

❺ Après une fontaine, tourner à gauche vers Fon-de-Pèbre.

❸ En arrivant sur la route, descendre à droite vers le hameau de Chamouleau et l'église de Trentels.

❷ Tourner à droite le long du mur du cimetière et suivre un chemin de pierres pour revenir vers le point de départ. Traverser la D 911.

Fiche pratique 15

2 h 20
7 Km

137 m
78 m

Situation Trentels, 15 km à l'Est de Villeneuve par la D 911

Parking Trentels, le long de la D 911

Balisage jaune (n° 46)

À voir

En chemin

- Trentels : église, château (privé), pigeonniers, vergers de pruniers, points de vue sur les coteaux du Haut-Agenais

Dans la région

- Lustrac : site du moulin et du château
- Bonaguil : château fort (15e et 16e siècles)
- Tournon d'Agenais : bastide de hauteur du 13e siècle

A deux pas de Bonaguil

Promontoire au-dessus du Lot, Fumel fut longtemps un bastion de la sidérurgie en Lot-et-Garonne. L'ancien château féodal entouré de magnifiques terrasses domine à pic la rivière. Reconstruit au 17e siècle, il abrite aujourd'hui la mairie. A 7 km au Nord-Est de Fumel, une visite s'impose au château de Bonaguil. Du 12e siècle demeurent la barbacane et la cour d'honneur. En 1480, Béranger de Roquefeuil donna au château sa forme actuelle en utilisant les caractéristiques des forteresses médiévales. Conçu pour résister aux assauts et aux sièges, ce chef-d'œuvre d'architecture militaire ne fut jamais attaqué ni assiégé. Il reste une fière bâtisse de style gothique dressée sur un cap entre deux vallons, à peine touchée par le temps…

Bonaguil. *Photo CDT 47.*

Au bord du Lot

Les berges du Lot sur le Baladoir (ancienne voie ferrée), avec vue sur le château de Ladhuie, seront une mise en jambes avant d'escalader le Pech-du-Treil et les autres coteaux boisés.

❶ Se diriger vers le Théâtre de la Nature. Descendre en contrebas jusqu'aux berges du Lot. Les longer par le *Baladoir* jusqu'à l'église de Condat.

❷ Après l'ancien pont de chemin de fer, tourner à gauche. Traverser la D 911 en diagonale en direction de Bonaguil.

► Variante vers le point ❼ (*circuit de 5 km – 1 h 40*).

❸ Après 100 m dans cette direction, tourner à droite vers Esquibat. Au bout de la route, continuer tout droit sur un chemin de terre qui marque le pied de la colline.

❹ Emprunter à gauche une route. A Larché, suivre à gauche la D 673 sur 100 m. Emprunter la route à droite sur 150 m.

► Variante vers le point ❼ (*circuit de 10 km – 3 h 20*)

❺ A Roc-de-Calé, monter à droite sur un sentier qui traverse un paysage calcaire. Avant l'entrée des carrières, suivre un chemin à gauche sur 300 m. Monter à droite (forte pente), puis suivre à gauche le chemin de crête. Prendre la route dans le prolongement. Au carrefour, emprunter la route à gauche. Se diriger vers Borie. Passer entre les maisons et monter vers les bois. Couper la D 440. Poursuivre la montée jusqu'à une clairière qui marque le sommet.

❻ Avant le hameau de Galinat, descendre à gauche. En bas, tourner à droite et longer la bordure des bois. Emprunter la route à gauche, puis la suivante à droite. Avant la Loubatière, s'engager à gauche en bordure d'un bois, puis à l'intérieur de celui-ci en prenant le plus à gauche. Le chemin sinueux longe d'abord une ligne à haute tension avant de passer en dessous. Suivre un large chemin dans un bois. A sa sortie, au panneau Carrières de Tiple, suivre la route à droite. Au carrefour, descendre à droite la D 440 sur 150 m, la traverser et suivre un chemin au pied d'un talus qui aboutit entre deux courts de tennis.

❼ Tourner à droite puis à gauche en face de la piscine. Descendre à Fumel par un petit sentier qui débouche sur un parking et sur la rue Coustalou.

Fiche pratique 16

4 h 40
14 Km

201 m
70 m

Situation Fumel, 26 km au Nord-Est de Villeneuve-sur-Lot par la D 911

Parking place de l'Office du tourisme

Balisage (n° 47)

❶ à ❷ jaune et jaune-vert
❷ à ❸ jaune
❸ à ❹ jaune et jaune-vert
❹ à ❼ jaune
❼ à ❶ jaune et jaune-vert

Difficultés particulières

■ après le point ❶ forte descente en dessous du Théâtre de la Nature
■ ne pas s'engager dans les galeries des carrières de Tiple (hors circuit)

Ne pas oublier — 2 h 20 — 1 h 45

À voir

En chemin

■ Fumel : ancien château féodal ; baladoir en bordure du Lot ■ Condat : village et berges du Lot ■ hameau de Borie

Dans la région

■ Sauveterre-la-Lémance : musée de la Préhistoire, château ■ Thézac : la cave des vins du Tsar ■ Montayral : observatoire astronomique

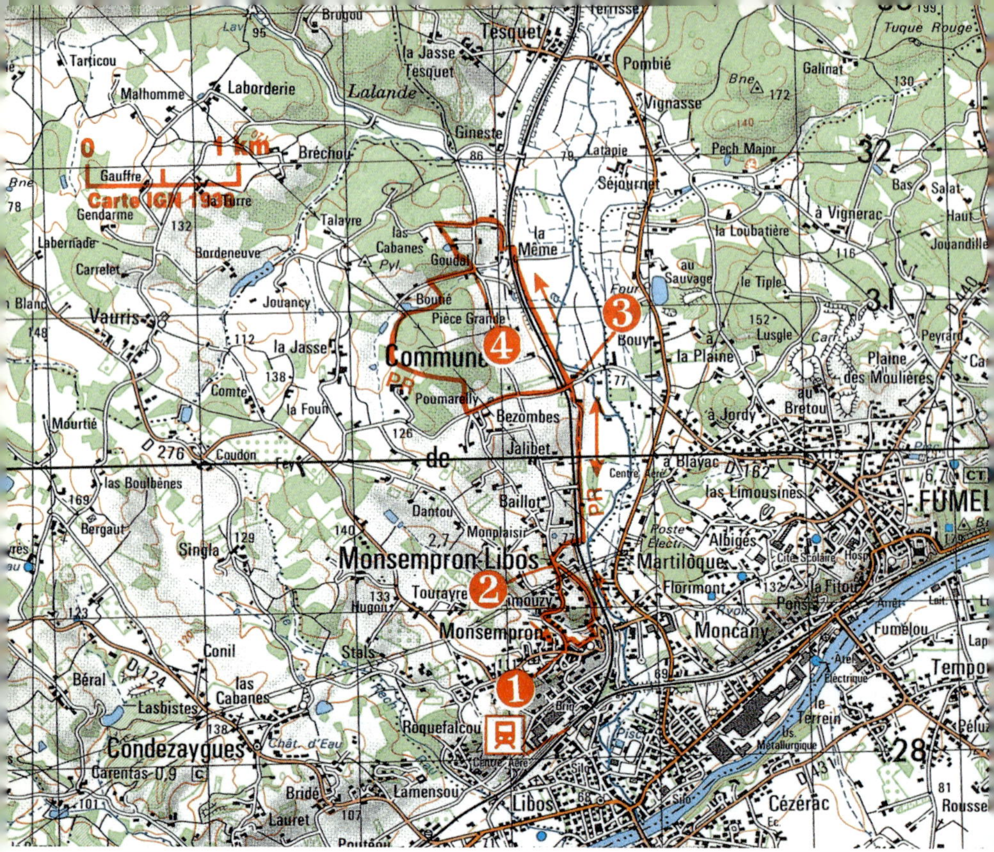

Le prieuré de Monsempron

L'église romane de Monsempron, proche du Quercy et du Périgord, a subi l'influence des écoles architecturales de ces deux régions. L'ornementation est riche en décorations végétales et en dessins géométriques qui dénotent une influence byzantine. La nef voûtée date du 16e siècle. Il existe près du sanctuaire quelques bâtiments du prieuré bénédictin qui appartenaient à l'église. Bâti aux 10e et 11e siècles, le prieuré fut reconstruit au 16e siècle. Le rez-de-chaussée, couvert de solives, conserve des baies d'aspect roman tardif et des contreforts également romans, terminés en glacis. Les étages ont de vastes baies à meneaux richement moulurées. Une partie de ce bâtiment, propriété de la commune, est un lieu d'exposition.

Monsempron. *Photo CDT 47.*

La promenade du Prieuré

Fiche pratique **17**

Allier nature et culture en visitant le Prieuré et ses expositions, puis en partant vers les bois, le long de la voie de chemin de fer reliant Agen à Paris.

❶ Traverser le carrefour de la D 276 et suivre la rue de la République. Emprunter ensuite successivement la rue du 14 Juillet qui passe devant le Prieuré et la rue de l'Etoile-du-Nord. Descendre en face par le sentier qui borde les jardins. Suivre la route de la vallée à gauche jusqu'au hameau de La Rouquette.

❷ Après le carrefour, descendre à droite vers le passage à niveau, à la maisonnette n° 356. Franchir la voie de chemin de fer et la suivre à gauche.

❸ Au deuxième pont à gauche, point retour de la boucle. Continuer jusqu'à la maisonnette n° 355. Franchir à nouveau la voie. Tourner à droite. Suivre une route sur 200 m. A Goudal, prendre le chemin à gauche, à travers bois.

❹ Tourner à droite vers Boutié. Juste après une haie, tourner à gauche. Franchir le ruisseau et prendre à droite à travers bois. En lisière de ce bois, après une montée, tourner à gauche en suivant un chemin sinueux qui entre à nouveau dans les bois. Sous la ligne haute tension, tourner à droite, puis suivre à gauche une route jusqu'au pont qui franchit la voie de chemin de fer.

❸ Revenir à droite à Monsempron-Libos par le chemin bordant la voie ferrée.

❷ Bifurquer à droite sur la route qui offre une bonne perspective sur le site du Prieuré et qui regagne le point de départ.

2 h 40
7,5 Km

133 m
86 m

Situation Monsempron-Libos, 25 km au Nord-Est de Villeneuve-sur-Lot par la D 911

Parking place de la mairie

Balisage jaune (n° 48)

À voir

En chemin

- Monsempron : Prieuré et site

Dans la région

- Lacapelle-Biron : musée Palissy au site de Saint-Avit, observatoire astronomique
- Gavaudun : château et vallée de la Lède

REALISATION

La création des circuits et la réalisation de ce topo-guide ont été effectuées en partenariat avec le Comité départemental du tourisme, avec délégation du Conseil général de Lot-et-Garonne.

Le balisage des circuits est effectué par les associations adhérentes au CDRP 47, au CDTE 47 et à l'Association des Amis de Saint-Jacques-de-Compostelle.
L'entretien des sentiers est assuré par les communes ayant préalablement signé une convention avec le Conseil général.

La description des circuits a été réalisée par Joël Macé.

Les textes thématiques de découverte du patrimoine ont été écrits par Joël Macé.

Les photographies proviennent de la photothèque du CDT 47 et de Cadram Mamande (p. 17).

Montage du projet, et direction des éditions : Dominique Gengembre. Secrétariat de rédaction : Philippe Lambert, Nicolas Vincent. Cartographie et mise en page : Jérôme Bazin, Olivier Cariot, Christiane Fantola, Nicolas Vincent. Suivi de fabrication : Jérôme Bazin.

Création maquette : Florelle Bouteilley, Isabelle Bardini - Marie Villarem, FFRP. Les pictogrammes et l'illustration du balisage ont été réalisés par Christophe Deconinck. PAO et correction : Atelier Brigitte Arnaud. Mise en page : Elisabeth Fally.

Cette opération a été cofinancée par le Conseil général de Lot-et-Garonne, la Communauté européenne et la FFRP.

LOT-ET-GARONNE
CONSEIL GÉNÉRAL

FFRP
Fédération Française de la Randonnée Pédestre

Cartes et guides de randonnée

• Les extraits de carte reproduits proviennent des cartes IGN au 1 : 25 000 n° 1738 O et E, 1739 E, 1838 E et O, 1839 E et O, 1938 E et O, 1939 O ou au 1 : 50 000 n° 1738, 1739, 1838, 1839, 1938, 1939.

• Pour une vision plus large de la région nous vous conseillons les cartes IGN au 1 : 100 000 n° 56 et 57 ou au 1 : 200 000 n° 234 et 235.

• Sentiers de Pays *Châteaux et Bastides en Haut-Agenais Périgord.*

• *Les Sentiers d'Emilie :* 40 boucles de 1 h à 2 h 30 réparties dans tout le département.

• Pour connaître la liste des Topo-guides® édités par la FFRP, demander notre catalogue gratuit au Centre d'information *Sentiers et randonnée* (voir Infos pratiques p. 8).

INDEX DES NOMS DE LIEUX

Avertissement : les renseignements fournis dans ce topo-guide sont exacts au moment de l'édition. Toutefois, certaines transformations du paysage engendrées par l'urbanisation, la création de nouvelles routes ou lignes ferroviaires, l'exploitation forestière ou agricole, etc., peuvent modifier le tracé des itinéraires. Le balisage sur le terrain devient alors l'élément prioritaire du repérage, avant la carte et le descriptif. N'hésitez pas à nous signaler les changements. Les modifications seront intégrées lors de la réédition.

1ère édition : juillet 1998
© FFRP-CNSGR 1998- ISBN 2-85 699-741-4 © IGN 1998 (fond de cartes)
Dépôt légal : décembre 2002
Compogravure : MCP, Orléans
Impression : Jouve, Mayenne